lehmanns media

AF630151

Danksagung

Prof. Dr. Stephan Palos, Arzt der traditionellen chinesischen Medizin, möchte ich für die Einsicht danken, dass er autistische, depressive, psychotische Reaktionen unter gegebenen Bedingungen als Schutzmechanismen anerkennt.
PD Dr. Hans Kowerk, Kinder- und Jugendpsychiater, möchte ich dafür danken, dass er Kinder mit Down-Syndrom nicht von Geburt an als geistig behindert diagnostiziert, sondern dass er deren Entwicklungsverzögerung wesentlich als soziales Problem begreift – in der Regel als depressive Reaktionsbildung.
Almut Neumann, Diplomheilpädagogin, und Frank Heinrich, Lehrer, möchte ich für die vielen unbezahlten Überstunden danken, die für das Gelingen unserer Arbeit notwendig sind.
Den Mädchen und Jungen möchte ich dafür danken, dass sie mich jeden Tag näher zu meinem Ursprung führen, dorthin, wo es weder gute noch schlechte Schüler gibt, sondern nur Kinder.

Christel Manske

Das Down-Syndrom:

Begabte Kinder im Unterricht

lehmanns media

Bibliografische Informationen der Deutschen Nationalbibliothek

Die Deutsche Nationalbibliothek verzeichnet diese Publikation in der Deutschen Nationalbibliografie; detaillierte bibliografische Angaben sind im Internet unter http://dnb.ddb.de abrufbar.

Hardenbergstraße 5
10623 Berlin

Layout: Clara Eichler
Covergestaltung: Klaus Rosentreter

Druck und Bindung: Drukarnia Dimograf • Bielsko-Biała • Polen

ISBN: 978-3-86541-443-4

www.lehmanns.de

Inhalt

Zusammenfassung

Alle höheren psychischen Systeme wie z. B. das Empfinden, Wahrnehmen, Erinnern und Denken sind nicht angeboren, sondern entwickeln sich im sozialen Umgang.
Dem menschlichen Gehirn ist es möglich, funktionelle Systeme zu bilden. Das ist eine biologische Tatsache, die längst bewiesen und bekannt ist.
Die Kinder unterscheiden sich in Bezug auf das Chromosom 21, nicht aber in Bezug auf die Fähigkeit ihres Gehirns, in Abhängigkeit ihres kulturellen Umfelds stabile funktionelle Hirnsysteme zu bilden.
Unsere Kultur macht sie sprachlos, so viel habe ich verstanden.
Pablo Pineda wäre nicht die Ausnahme, wenn Kinder mit Trisomie 21 adäquat unterrichtet würden.
Das Ziel unserer Arbeit ist es, dass diese Kinder die Möglichkeit bekommen, einen Schulabschluss zu erwerben.

Summary

All our higher psychic systems like sensation, detection, memory and thinking are not innate but develop through socialization. The human brain is capable of developing functional systems, this biological fact has been proved long ago. Their chromosomes might be different but every child is capable of developing stable functional brain systems connected to their cultural milieu. Our culture makes them speechless. Pablo Pineda would not be an exception if children with Down syndrome were tought in an adequate way. It is the aim of our work that every child with Down syndrome has the possibility to leave school with a school-leaving qualification.

Аннотация

Все высшие психические системы – ощущение, восприятие, память развиваются в социальном взаимодействии. Человеческому мозгу возможно построить функциональные системы. Это – биологический факт, который давно доказан. Наша культура делает их безмолвными. Это то, что я поняла.

Пабло Пинеда не был бы исключением, если бы дети с тризомией 21 получали бы адекватное обучение.

Цель этой работы в том, чтобы детям с тризомией 21 дали бы возможность получать аттестат об окончании школы, как и всем остальным детям.

Resumen

Ninguno de los sistemas psíquicos superiores, como por ejemplo la sensación, la percepción, la memoria y el pensamiento son innatos. Se desarrollan mediante el intercambio social. El cerebro humano es capaz de construir sistemas funcionales: es un hecho biológico, conocido y demostrado hace tiempo. Los niños que tienen un cromosoma 21 diferente no son sin embargo diferentes respecto a su capacidad de construir estos sistemas funcionales en dependencia del ambiente social.

Es nuestra cultura la que los priva del lenguaje – eso es lo que he logrado comprender.

Pablo Pineda no sería una excepción si los niños con síndrome de Down tuvieran un aprendizaje adecuado.

La meta de nuestro trabajo es que los niños con síndrome de Down tengan la posibilidad de terminar con éxito la escuela.

Vorwort

Opa hatte mir ein Stück Speck und ein Stück Brot in meinen weiß-grünen Rucksack gesteckt – für den Fall, dass ich verloren gehe.
Die Russen sagten: „Dawai!"
Ich musste bestimmt vier Schritte machen, wenn die Großen einen machten.
Die Kinder, um die es in diesem Buch geht[1], wissen, dass sie den Anschluss schon verpasst haben, bevor sie einen Fuß in diese Gesellschaft gesetzt haben.
„Mia verloren."

1 Wir sprechen im Folgenden von „diesen Kindern", wenn es um Kinder mit Trisomie 21 geht.

1. Bedrohte Kinder

Der Krieg war vorbei. Ich war gerade vier Jahre alt geworden. Ich hatte noch keine Schuhe. Ich saß auf dem Bett, in dem meine einjährige Schwester schlief. Meine Mutter kam durch die Tür. Ich entdeckte in einem Netz weiße Brötchen. „So ein Brötchen möchte ich auch einmal essen." Meine Mutter schmierte mir schnell Butter auf eine Hälfte: „Hier, und pass auf Doris auf. Ich muss los." Ich setzte mich auf das Fensterbrett. Ich öffnete das Fenster und hielt mein halbes Brötchen in den Himmel: „Guck mal Vati, was ich hab." Dann biss ich in mein erstes Butterbrötchen. Ich schmecke noch heute den zarten Teig, die echte Butter. Der Himmel war so blau. Ich war zu Hause. Ein kleines Kind zwischen Himmel und Erde.
Hätte mir damals ein Erwachsener erklärt, dass mein Vater tot ist, hätte ich ihm nicht folgen können; denn ich hatte einen Vater – im Himmel.

Karin hat aus dem TAT (Thematic-Apperception-Test) ein Blatt gewählt, das ein kleines Häschen in einem Bett zeigt.
Sie erzählt: „Die Mutter hat große Schmerzen. Sie muss in das Krankenhaus. Sie ist schwanger. Die Ärzte schneiden schnell den Bauch auf." Ich erwarte, dass Karin ihre Erzählung fortsetzt. Doch sie schweigt. Dann sage ich: „Und nun?" Sie schaut auf den Tisch: „Nun ist Schluss. Ende. Die Geschichte ist hier zu Ende. Glaub mir Christel. Diese Geschichte ist hier zu Ende." Wir schweigen beide. „Ich dachte, dass ist ..." „Es ist meine Geschichte. Und nun lass uns über etwas anderes sprechen."
Für einige Augenblicke nimmt Karin mich in ihre eiskalte Einsamkeit mit.
Diese Kinder fordern uns heraus, Grenzerfahrungen mit ihnen zu teilen. Nur so erschließen wir uns neue Bewusstseinsräume. Einsame Grenzerfahrungen machen sprachlos.
Diese Kinder überstehen die kalten gesellschaftlichen Verhältnisse wie der Igel, der sich auf den Winterschlaf vorbereitet. Sie fahren wie er ihre Zellaktivität auf ein Minimum herunter, damit sie psychisch und physisch überleben. Niemand von uns könnte die täglichen Erfahrungen von Ablehnung,

Isolation und unzähligen Variationen von Kränkungen unbeschadet überstehen.

Nelson Mandela hat sechsundzwanzig Jahre als Gefangener überlebt. Ich könnte nie aufhören, in dieses wunderbare Gesicht zu schauen, der lebendige Ausdruck von Schmerz, Mut, Weisheit, Humor und Würde. Im Vergleich zu dem Leiden der Kinder war er sich immer bewusst, dass sein Leiden niemals sinnlos war, dass er mit seinem Leiden niemals einsam war, dass er ein Hoffnungsträger war, ist und immer sein wird.
Genau das ist es, was wir jedem Kind vermitteln müssen, dass es Hoffnungsträger ist und jede Aufgabe, die es löst, der Weg zu seiner Rehabilitierung ist.
Als ich vor dreißig Jahren bei VYGOTSKIJ[2] las, dass alle Behinderung in erster Linie sozialer Natur ist, war ich beeindruckt von der vorher nie gedachten Aussage, aber fassen konnte ich sie nicht.
Wenn diese Kinder mit ein, zwei Jahren zu uns kommen, dann übertreffen sie alle unsere Erwartungen. Sie sind hübsch. Sie sind flink. Sie konzentrieren sich über eine Stunde und, wenn sie die Möglichkeit haben, noch eine zweite Stunde. Sie lernen schnell. Sie lieben es, in der Einheit von Handlung, Symbol und Zeichen zu lernen. Sie freuen sich auf das Lernen. Wenn die Kinder von uns eine Stunde ohne Pause gefordert und somit gefördert werden, laden sie sich erst wie ein Akku energetisch auf. Nach einer Stunde sind sie dann so wach und konzentriert, dass wir den Eindruck gewonnen haben, dass sie am liebsten mehrere Stunden am Tag ihr Gehirn mit Erfahrungen unterschiedlichster und immer wieder neuester Art füttern möchten. Je mehr sie sich verausgaben, desto wacher wird das Gehirn. Sie sind am Ende körperlich erschöpft, aber die müden Augen leuchten.
Häufig weinen die Kinder, wenn sie von ihren Eltern abgeholt werden, oder sie verstecken sich. Oft erzählen mir die Eltern, wie froh sie sind, dass sich ihr Kind so schön selbst beschäftigen kann. Sie wissen nicht, wie hoch der Preis ist, den sie für diese einsame Selbstbeschäftigung der Kinder zahlen.
Die Umstrukturierung der Zellaktivitäten geschieht, wenn Kinder Entdeckungen machen. Hierzu benötigen sie einen Menschen, der ihre Abenteuerlust mit ihnen teilt.

2 Vygotskij, L. S. (1975). Zur Psychologie und Pädagogik der kindlichen Defektivität. In: Die Sonderschule. Jg. XX (1975). H.2. Berlin (DDR).

Sie verzichten auf Lob. Sie ziehen sich zurück, wenn sie gestört, behindert oder gar verletzt werden.
Es hat zwanzig Jahre gedauert, bis die geistige Behinderung dieser Kinder für uns zu einem Spiegel ihrer sozialen Situation wurde. Da wir von allen Kindern über die Jahre Fotobücher anfertigen, konnten wir ihre dramatische Entwicklung dokumentieren.
Es ist uns in unserer Praxis gelungen, den Kindern zu ermöglichen, ein Bewusstsein von sich selbst zu entwickeln; denn Ihre Fotobücher spiegeln ihre aufgehobenen Erfahrungen wider, sie reflektieren ihr Werden als eine Geschichte der Entwicklung ihrer Empfindungen, ihrer Wahrnehmungen, ihrer Erinnerungen und ihrer Gedanken.
LEONT'EV zitiert VYGOTSKIJ wie folgt:

> „In seinen pädagogischen Studien vertrat er die Auffassung, Lernen setze „Selbsttätigkeit" voraus; z. B. würden abstrakte Regeln erst verstanden, wenn dem Kind das, was es schon unreflektiert tut, bewusst gemacht werde (etwa im Grammatikunterricht). Der Schulunterricht solle also nicht einüben, sondern bewusst machen."[3]

Ein Kind, das gelernt hat, sich seiner Selbst bewusst zu sein, ist nicht geistig behindert.
Ich erinnere mich an ein Buch von BASAGLIA, dem wohl bekanntesten Vertreter der Antipsychiatriebewegung. Er hatte Fotos von der Entwicklung der Insassen während ihres Aufenthalts in den Psychiatrien abgebildet. In den ersten Jahren unterschieden sich ihre Gesichter nicht von denen der Menschen außerhalb. Dann wurde der Gesichtsausdruck der Insassen von Jahr zu Jahr einsamer. BASAGLIA erkannte, dass die Anstalt, die ihnen Hoffnung auf Heilung gemacht hatte, sie in Wirklichkeit zerstörte.
Diese Kinder sind nicht, wie bisher angenommen, wirklich geistig krank. Sie werden krank.

Wir haben es nicht mit geistig behinderten Kindern zu tun, sondern mit einsamen Kindern. Diese Gesellschaft will diese Kinder nicht. Die Eltern haben das verstanden. Die Erzieher haben das verstanden. Die Lehrer haben das

3 Leont'ev, A.N. (1967). Zeichen und Bedeutung. In: Kussmann, T. (Hrsg.) (1971). Bewusstsein und Handlung. Bern: Hans Huber Verlag. S. 53

verstanden. Die Ärzte haben das verstanden. Die Richter haben das verstanden. Die Kinder haben das verstanden.
Tag für Tag schleppen sie sich selbst, Stein des Anstoßes, den Berg der Vorurteile hinauf. Oben angekommen, fallen sie tief. Eine Lebensperspektive, eine Lebensplanung ist nicht in Sicht.
Vielleicht sind sie uns in dieser Hinsicht überlegen.
Sie teilen wie Sisyphus unsere Illusionen nicht.
Wenn es ihnen gelingt, einen Schulabschluss zu erlangen, fängt der Kampf um gesellschaftliche Rehabilitierung erst an. Es ist unsere Pflicht, ihnen das Recht auf Bildung zuzugestehen, und es ist unsere Aufgabe, dieses Recht durchzusetzen. Was sie mit diesen neuen Möglichkeiten machen, können wir heute nicht sagen.
Es gibt Eltern, die für ihre Kinder eine Perspektive jenseits der betreuten Werkstätten wollen. Diese Eltern sind zurzeit in unserer Praxis die Minderheit. Sie tun alles Menschenmögliche, dass ihr Kind als Integrationskind erfolgreich mit den anderen Kindern in der Schule lernt. Dies wird zunehmend von den Lehrerinnen und Lehrern honoriert. Die Kinder erhalten die Möglichkeit, von Anfang an die Klassenarbeiten mit zu schreiben.

Es ist ungefähr dreißig Jahre her. Ich teilte das Zugabteil mit einer spanischen Familie. Die Eltern hatten ein vierjähriges Mädchen und einen zweijährigen Jungen. Das Mädchen hatte mehrere glitzernde Spangen in ihren dichten schwarzen Locken. Es trug ein weinrotes Samtkleid, weiße Spitzensöckchen, schwarze Lackschuhe und ein Goldkettchen um den Hals.
Der Junge trug einen blauen Anzug, ein weißes Hemd und schwarze Lederschuhe.
Die Kinder spielten miteinander. Sie wurden abwechselnd von den Eltern liebkost. Ich konnte nicht aufhören, das Mädchen anzustarren.
Ich hatte bis zu dem Augenblick kein Kind in Deutschland gesehen, das trotz Trisomie 21 wunderschön ist. Die Erinnerung an dieses Mädchen hat sich in mein Gedächtnis gebrannt. Diese Eltern hatten nicht ein Kind und einen Schicksalsschlag. Diese Eltern hatten zwei Kinder und sie liebten sie so selbstverständlich gleich, dass sich die Kinder nur darin unterschieden, dass sie Mädchen und Junge waren.

Bei uns ist, was diese Kinder angeht, die Zeit stehen geblieben. Wir müssen unser Empfinden, unsere Wahrnehmung, unser inneres Bild und unser Denken über sie von der Last unserer erlittenen Programmierungen befreien.
Ich stand mit zwei Mädchen, Schülerinnen von mir, an einer Bushaltestelle. Wir wollten Eis essen. Eine Frau sprach mich an: „So ein Schicksal ist schwer. Es ist eine Last. Für mich ist es das Schlimmste, was ich mir in meinem Leben vorstellen kann..." Ich verstand die Frau nicht. „Brauchen Sie Hilfe?" Die Frau war entrüstet: „Was fällt Ihnen ein? Sie können einem nur Leid tun." Die beiden Mädchen lachten schallend: „Frau Manske, die meint uns. Die denkt, dass Sie unsere Mutter sind. Die denkt, dass Sie zwei bekloppte Kinder haben."
Der Ober im schwarzen Anzug versuchte alles richtig zu machen: „Was darf es sein?" Er schaute zu mir, dann zu den Mädchen. „Lassen Sie sich Zeit. Ich komme gleich zurück." Er wartete und beobachtete, was auf ihn zukommen würde. „Die Damen haben gewählt?" Barbara und Ulrike bestellten ihr Eis und ein Getränk. Dann bestellte ich. Er bediente uns mit so viel Aufmerksamkeit, als wären wir besondere Gäste. Ein Lächeln der Erleichterung erhellte sein Gesicht. Er nickte mir aus einiger Entfernung zu.

Jens sagte zu mir: „Wenn ich von der Werkstatt nach Hause komme und bin auf dem Weg nach Hause nicht angemacht worden, sage ich zu mir: „Heute bist du durchgekommen. Heute hast du Glück gehabt." Wie viel Lebensenergie, wie viel Mut muss ein Kind mit Trisomie 21 täglich aufbringen, wenn es nur aus der Haustür tritt. Immer die Angst im Nacken.
Wie oft habe ich schon den Satz gehört: „Die Mongoloiden sollen echte Frohnaturen sein; geistig behindert, aber dafür immer fröhlich, immer freundlich." Sie versuchen den Wahnsinn mit Lächeln zu besänftigen, eine kluge Überlebensstrategie in dieser unserer ihrer Kultur.
„Alle Behinderungen sind in erster Linie sozialer Natur"[4]. Aus Sicht der Kinder mit Trisomie 21 ein wunderbares Bekenntnis. Aus Sicht der Verantwortlichen ein Schuldspruch, der ohne Folgen bleibt, solange nur die Opfer Forschungsgegenstand sind und die Täter ungenannt bleiben.

4 Vygotskij, L. S. (1975). Zur Psychologie und Pädagogik der kindlichen Defektivität. In: Die Sonderschule. Jg. XX (1975). H.2. Berlin (DDR)

Wenn wir uns die Fotos der Kinder in unserer Praxis anschauen, unterscheiden sich diese augenfällig in zwei Gruppen. Die eine Gruppe der Kinder sieht, selbst wenn sie lachen, auf jedem Foto traurig aus. Die andere Gruppe der Kinder hat strahlende Augen. Strahlende Augen sind ein Zeichen dafür, dass ein Kind mit den Menschen seiner Umgebung kommuniziert, dass es in eine soziale Kreisreaktion eingebunden ist, und dass wiederum bedeutet, dass sein Frontalhirn innerviert ist, dass es neue Nervenverbindungen aufbaut, dass Lernen stattfindet. Diese Kinder sehen alle intelligent aus.
Sie sind gepflegt und liebevoll gekleidet, die Eltern engagieren sich nicht für das „Down-Syndrom", sondern lernen begeistert mit ihrem allerliebsten Kind. Sie sehen ihr Kind nicht als „Down".
Es hat zwanzig Jahre gedauert, ehe wir diese Unterscheidung machen konnten. Diese Unterscheidung ist keine abstrakte Konstruktion, sondern sie ist das Ergebnis von unserem verändertem Empfinden, verändertem Fühlen, verändertem Wahrnehmen und verändertem Denken.

Dramatische Zusammenbrüche der psychischen Fähigkeiten beobachten wir leider häufig, wenn die Kinder in die Krippe, in den Kindergarten oder in die Schule geschickt werden. Fast alle Einrichtungen sind nach unseren Erfahrungen lediglich darauf vorbereitet, die Kinder zu betreuen, aber nicht, sie adäquat zu fördern.
Wenn diese Kinder ihre vertraute Umgebung verlassen müssen, entwickeln sie Schutzmechanismen, die nach unserer Erfahrung den jeweiligen Entwicklungsstand der Kinder widerspiegeln: Die autistische Symptomatik, die Depression, die Verhaltensstörung und die Psychose. Der Philosoph Schelling war der Meinung, dass nur ein Mensch mit entwickeltem Bewusstsein eine Psychose entwickeln kann.

2. Depression, Autismus, Verhaltensstörung, Psychose sind Schutzmechanismen in einer bio-psycho-soziokulturellen Krise

Die Bildung pathologischer Schutzmechanismen ist sinnvoll bei vollkommenem Schmerz. Sie ist der einzige Ausweg aus einer lebensbedrohlichen Krise. Dieser für die bedrohte Person sinnvolle Ausweg führt jedoch in die soziale Isolation, wenn er nicht kommuniziert wird. Wenn der pathologische Ausweg von keiner Person als sinnvoll gedeutet wird, bleibt er wie ein Hilfeschrei im Gebirge, der an den Felsen abprallt, und wie das wenig hilfreiche Echo, das zu dem in Todesangst Gefangenen zurückkehrt.

Die Aufgabe der Pädagogen ist es, den persönlichen Sinn der Schutzmechanismen als Ausweg zu begreifen und diesen mit den Schutzbedürftigen zu teilen, damit aus einem einsambewussten Handeln eine sozial selbstbewusste Tätigkeit wird.

Wir gehen davon aus, dass sich jedes lebendige System in einer Krisensituation sinnvoll selbst organisiert, um sich aufrechtzuerhalten.

Das gilt m. E. für alle Lebenssituationen und daher auch für die Entwicklung von Psychosen, für epileptische Anfälle, für autistische Reaktionen, für den Rückzug in die Depression und für Verhaltensstörungen. Dafür sprechen viele Erfahrungen, von denen nun die Rede sein wird.

Dieses Verständnis von außerordentlichen Verhaltensmustern hat nicht den Anspruch, verallgemeinert zu werden. Im Einzellfall hat sich dieses Konzept jedoch bewährt und ist daher wertvoll sowohl für die Schutzbedürftigen als auch für die Beschützer.

Da die Entwicklung eines Menschen immer in einer bio-psycho-soziokulturellen Einheit geschieht, ist es nachzuvollziehen, dass Irritationen auf allen Ebenen stattfinden. Das Zellverhalten reagiert auf soziale Erfahrungen und beeindruckt die Psyche, die Psyche wiederum steuert das Zellverhalten und wirkt auf die Umwelt, die Umwelt wiederum beeinflusst die Psyche wie auch das Zellverhalten. Da wir als Pädagogen keine Möglichkeit haben, das Zellverhalten unmittelbar zu beeinflussen und auch über keinen direkten Zugriff auf die Psyche verfügen, gibt es für uns nur die Möglichkeit, uns so zu verhalten, dass wir für die Schutzbedürftigen eine sinnvolle Umwelt

sind. Wir sollten sein wie die geistige und psychische Nahrung, die einen körperlich und seelisch hungrigen Menschen nicht nur erbaut, sondern ihm auch gut bekommt und wohltut.
„Es liegt in unseren Händen, ob ein Kind geistig behindert wird oder nicht",[5] schrieb VYGOTSKIJ schon vor siebzig Jahren. Weil wir dies annehmen, dürfen wir pathologische Reaktionen nicht mehr als gegeben hinnehmen, sondern wir sind dazu bestellt, adäquat zu handeln. Diese Fähigkeit entwickeln wir nur, wenn wir es wagen, für Augenblicke alles bisher Gelernte bewusst außer Acht zu lassen, dass wir wie eine leere Regentonne werden, die den frischen Regen aufnehmen kann, der vom Himmel fällt.
Wenn uns in steiniger Wildnis die Erkenntnisse wie Edelweiß im Hochgebirge zuwachsen, dann wird aus der Mühe ein Abenteuer, und es zieht uns immer weiter in vorurteilsfreie, frische, geistige Sphären, die uns unser anfängliches Vorhaben völlig vergessen lassen. Wir sind ziellos, selbstvergessen in der fließenden Gegenwart. Wir verschmelzen mit unseren Erfahrungen, und Intuitionen fallen uns zu. Intuitionen können wir selbst mit größter Anstrengung nicht herbeizwingen.
Davon berichten große Geister, die bahnbrechende wissenschaftliche Entdeckungen für die Menschheit machen durften.
Je mehr Wissen uns zur Verfügung steht, umso leichter fällt es uns, es nicht in jeder Situation anwenden zu müssen, sondern offen zu sein für das, was wir von den Kindern lernen können.
Wir stehen jedem Kind als lernbedürftig gegenüber und dies umso mehr, je abweichender sein Verhalten von der Norm ist. Je lernfähiger wir uns verhalten, umso mehr sind wir bereit, ausgetretene Pfade zu verlassen und uns zu den Kindern, wie Janus Korczak schreibt, *heraufzulassen*.
Sie sind es, die althergebrachtes Wissen, das sich als Irrtum über die Zeit gerettet hat, vom Tisch wischen, und uns mit Feuereifer unterstützen, unserem Gewissen zu folgen mit kindlicher Gewissheit.
Vor zwanzig Jahren war ich zutiefst davon überzeugt, dass Autismus niemals heilbar ist, dass Epilepsie immer organisch bedingt ist, dass geistige Behinderung biologischer Natur ist und dass Psychosen endogen sind. So hatte ich es gelernt. Andererseits hatte ich als Lehrerin von verhaltensauffälligen Sonderschülern schon vor vierzig Jahren entdeckt, dass es keine

5 Vygotskij, L. S. (1975). Zur Psychologie und Pädagogik der kindlichen Defektivität. In: Die Sonderschule. Jg. XX (1975). H.2. Berlin (DDR)

schlechten Schüler gibt, sondern nur verletzte, gescheiterte, verzweifelte, wütende, deprimierte, enttäuschte Kinder und Jugendliche, die mir geholfen haben, neue Wege als Lehrerin zu gehen.

Heute habe ich jede Sicherheit im Umgang mit Kindern verloren, und das ist hilfreich. Sicherheit ist eine trügerische Falle. Was diese Kinder anbetrifft, bin ich mir überhaupt nicht mehr sicher, dass sie geistig behindert sind. Sie haben mich eines Besseren belehrt. Es erfordert so viel Umdenken, eine völlig neue Wahrnehmung, und es fehlen mir noch die Worte, das auszudrücken, was ich täglich erlebe. Da die Kinder oft nicht in der Lage sind, sprachlich zu artikulieren, was sie mitteilen möchten, versuchen sie es symbolisch. Wir übersehen leider viel zu oft, was sie uns zu sagen haben.

Doch es gibt Augenblicke der Stille, der Betroffenheit, deren Tragweite uns erst Tage später bewusst wird.

Corvin sitzt mir gegenüber. Ein Holzpuzzle liegt vor ihm. Ich beobachte, wie er sich bemüht. Immer wenn er es geschafft hat, ein Teil richtig zu platzieren, atmet er tief und schaut mich an. Er ist gerade drei Jahre alt geworden. „Du bist ein so fleißiger, kluger kleiner Junge", sage ich. Er registriert den Satz mit einem so tiefernsten Blick, dass ich Mühe habe, ihn zu erwidern. Dann sagt er: „Ja."

Ich überspiele meine Verlegenheit mit einem unsicheren Lächeln in der Hoffnung, dass er sich dem nächsten Puzzleteil zuwendet. Doch er klettert mühsam vom Stuhl, bewegt sich auf mich zu und legt für einen Augenblick sein Köpfchen auf mein Knie. Ich reagiere nicht. Dann klettert er wieder auf den Stuhl zurück, schaut mich wieder mit dem so vielsagenden Ausdruck an und sagt noch einmal: „Ja." Ich kann das nicht erklären, aber dieser Augenblick hat mich sofort an den Kniefall von Willi Brandt in Warschau erinnert. Eine große stumme Geste, für die es keine Worte gibt und die von allen Menschen verstanden wurde als Bitte um Vergebung und Versöhnung.

Ich hatte gesagt, was ich fühlte, ohne mir bewusst zu sein, was ich gesagt hatte. „Du bist ein so fleißiger kluger kleiner Junge."

Dieser Satz führt Corvin urplötzlich zu seinem Ursprung und gibt ihm eine verlorene Gewissheit über sich zurück.

Corvin hatte längst wie alle Kinder mit Trisomie 21 seinen gesellschaftlichen Status begriffen. Er ahnte, fühlte, wusste, dass er nicht gewünscht war, ist und sein wird.

2.1 Der Schutzmechanismus der depressiven Reaktionsbildung

Als Karin in der Rechenstunde in unserer Praxis, wie in der Schule gewohnt, keine Gleichung rechnet, sondern einerweise zusammenzählt und von ihrem Lehrer aufgefordert wird, das Gleichheitszeichen zu beachten, antwortet sie:
„Siehst du denn nicht, dass ich tot bin."
Sie verlässt den Raum und legt sich bewegungslos auf den Boden. Diese Geste beschreibt wohl am eindringlichsten den unausgesprochenen Krieg zwischen einem Integrationskind und der Schulwirklichkeit. Je länger wir uns mit dieser Geste befassen, umso deutlicher wird uns, was sie sagt. Karin war ein Energiebündel, als sie eingeschult wurde. Sie kannte nicht nur alle Buchstaben, sondern sie hatte deren Sinn entdeckt. Sie hatte schon vor der Einschulung kleine Texte geschrieben. Sie kannte mathematische Handlungszeichen. Sie wusste, was „gleich" ist und was „ungleich" ist, was mehr und was weniger ist, was größer und was kleiner ist. Sie hatte klassifiziert, sie hatte die Sereation verstanden. Sie malte die Mandalas mit Akribie und Ausdauer aus. Ihren Freund ermahnte sie, dass er beim Malen auf den Rand achten müsse, dass er nicht übermalen dürfe, dass er sein Bild ganz fertig malen müsse. Das alles hatte sie entweder schnell verlernt, nachdem sie ein halbes Jahr in die Schule gegangen war oder sie hatte nicht mehr die Kraft, ihre Fähigkeiten zum Ausdruck zu bringen.
Nach ihren herausragenden Leistungen vor der Einschulung ist es unerträglich, von ihr zu sagen: „Geistige Behinderung bei Trisomie 21." Die Diagnose lautet zurzeit: „Entwicklungsverzögerung bei depressiver Reaktionsbildung."
Was eine Depression mit einem Menschen macht, darüber wissen wir einiges. Wir wissen, dass die Transmitter, die Informationen von einer Nervenzelle zur nächsten befördern, nicht mehr regelrecht agieren, so dass die Erledigung von Aufgaben mehr Energie erfordert als zur Verfügung steht, dass die innere Leere, die Gefühlsarmut alle Zellen lähmt, so wie die unterschüssige Zellaktivität innere psychische Leere hervorruft.
Wie soll uns ein siebenjähriges Schulkind den für ihn höchst sinnvollen Rückzug auf die psychologische Entwicklungsstufe Vorschulkind als ein intelligentes Verhalten in einer bedrohten Situation besser vermitteln, als Karin es versucht hat:

„Siehst du denn nicht, dass ich tot bin?"
Wir haben es nicht gesehen, wir haben es nicht begriffen, wir haben nicht adäquat reagiert, wir haben uns bestenfalls freundlich bemüht, ihr in die Einsamkeit zu folgen. Wir müssen akzeptieren, dass wir hilflos mit angesehen haben, wie verletzt sie war. Für sie gab es in der Krisensituation nur den Ausweg in die Depression. Wir tun gut daran, uns das wenigstens acht Jahre zu spät einzugestehen.

Ursache für das Schulversagen ist nicht die so genannte „geistige Behinderung", sondern das Versagen der Schule. Diese Erkenntnis wirft Licht auf die Kinder und stellt ein Schulsystem, das sie zum Scheitern verurteilt, in den Schatten. Karin nutzte ihre einzige Ressource, sich im Rollenspiel zu retten. Sie war kein Schulkind mehr, doch sie spielte wieder Schule, wie sie es als Kindergartenkind liebte. Das Rollenspiel schützte sie möglicherweise vor dem Absturz in die autistische Symptomatik.

Inzwischen ist Karin dreizehn Jahre alt. Die Ernstsituation hat sie eingeholt. Sie hatte das Glück, ab der fünften Klasse von einer engagierten Lehrerin unterrichtet zu werden. Auf einer Fachtagung über Trisomie 21 hatte die Lehrerin mit ihr einen Vortrag zum Thema Integration vorbereitet. Ich konnte ihn nicht hören, weil ich zu derselben Zeit einen eigenen Vortrag hielt.

Ich werde den Augenblick nicht vergessen, als ich sah, dass Karin mutterseelenallein die Hände vor den Augen auf der Treppe kauerte. Als ich sie ansprach, sagte sie: „Christel, ich möchte jetzt ganz allein sein. Versteh mich bitte, ganz allein."

Dann hielt sie wieder die Hände vor ihre Augen. Sie wusste besser als jede andere Person, dass es auf dieser Tagung zum zwanzigjährigen Bestehen der schulischen Integration für sie nichts zu feiern gab. Nach einer Woche fragte ich sie, weswegen sie so traurig gewesen sei. Sie sagte:

„Weißt du Christel, ich bin sehr sehr schwach, sehr schwach. Ich werde oft geärgert. Meine Lehrerin schützt mich. Lass uns doch über etwas anderes reden."

Karin macht sich immer wieder ihre ausweglose Situation bewusst, und dennoch: Es muss einen Ausweg für sie geben.

Karin und ihre Eltern haben die Hoffnung, dass sie, wenn auch verzögert und auf Umwegen, einen Schulabschluss machen wird.

2.2 Der Schutzmechanismus der autistischen Reaktionsbildung

Julia war gerade vier Jahre alt geworden. Sie war auffallend hübsch und immer schön angezogen. Die Eltern waren besorgt, dass sie vielleicht für unser Therapieprogramm zu alt sei. Die Eltern liebten ihr Kind. Sie waren aber von der geistigen Behinderung ihres Kindes von Fachleuten überzeugt worden. Das einzige Wort, das Julia in den ersten Stunden sprach, war: „Auto ".

Ich gab ihr alle möglichen Autos zum Spielen. Es dauerte ein paar Lernstunden, bis ich begriff, dass sie an ihre Mutter dachte, die im Auto weggefahren war. Julia lernte mit Begeisterung alle Buchstaben. Sie legte schnell ganze Wörter. Ihre Sprache entfaltete sich erstaunlich. Als ihr Vater sie fest in den Arm genommen hatte, sagte sie zu ihrer Mutter: „Mama, kannst du mich befreien. Papa hat mich gefesselt."

Die Eltern sahen ihre Tochter nun mit anderen Augen. Sie übten täglich mit ihr Wörter legen. Sie freute sich auf die Stunde in der Praxis. Sie erinnerte ihre Mutter zu Hause mit dem Satz: „Mama, Dr. Manske hin." Ich werde den Gesichtsausdruck von Julia nicht vergessen, als sie so schnell wie möglich die Treppe hinaufkletterte, aber von ihrer kleinen Schwester auf den letzten Stufen überholt wurde.

Sie war fast fünf, und es schien, als hätte sie nun begriffen, dass mit ihr irgendetwas nicht stimmte. Sie verweigerte alle Lernspiele, nach denen sie noch vor ein paar Tagen mit Begeisterung verlangte. Wir versuchten, mit ihr Ball zu spielen.

„Julia verloren."

Sie rührte den Ball nicht an. Wir stellten eine Puppenbadewanne auf, damit sie die Babypuppe badet.

„Julia verloren."

Von der Mutter erfuhr ich, dass sie zu Hause nicht mehr mit ihr üben würden. Die Eltern konnten überhaupt nicht mehr an sie herankommen.

Julia verweigerte alle Spielangebote. Sie sprach nicht mehr mit uns. Sie verkroch sich in eine Ecke, wo ein Sandkasten stand. Sie ließ den Sand über die Hände rieseln und begleitete diese Handlung mit einem monotonen Sing Sang:

„NNNNNNNNNN."

Wir stellten dann den Sandkasten in die Mitte des Raumes.
Sie setzte sich hinein, ließ den Sand über ihre Hände rieseln und begleitete diese Handlung wieder mit dem monotonen Singsang:
„NNNNNNNNNN."
Hin und wieder sprach sie zu sich selbst:
„Mama nicht, Lisa nicht, Mama nicht, Lisa nicht."
Die kleine flinke Schwester und die anderen Kinder im Kindergarten waren für sie so zur Bedrohung geworden, dass sie sich augenscheinlich in eine autistische Symptomatik flüchtete.
Wenn die Mutter sie abholen wollte, begann sie zu weinen. Sie wollte das monotone ungestörte Spiel im Sandkasten nicht beenden.
Die Julia, die sie noch vor einigen Wochen war, gab es nicht mehr. Nach drei Wochen sprach ich aus, was ich insgeheim dachte: „Für Julia gibt es zurzeit nur eine erträgliche Welt und das ist die ähnliche Welt der Kinder mit Autismus." Das war eine schmerzliche Erkenntnis. Doch sie gab uns die Chance, völlig neu mit ihr zu kommunizieren. Wir gaben alle Erwartungen auf. Wir setzten uns zu ihr neben den Sandkasten. Wir hatten eine eigene Schale mit Sand, um ihr Spiel nicht zu stören. Wir sprachen kein Wort, sondern sangen denselben monotonen Singsang.
Die Eltern setzten eins zu eins um, was wir sinnvoll für Julia hielten. Sie bekam vielmehr Aufmerksamkeit als zuvor. Sie sprachen so nebenbei über sie, dass sie ein schönes kluges Kind sei. Sie wurde wie eine kleine Prinzessin gekleidet. Sie durfte auswählen, was ihr am besten schmeckte. Die Mutter gab ihr für jede Lernstunde eine Brotdose mit Leckereien mit, z. B. Gummibärchen, Kekse, Apfelschnitzel usw.
Julia durfte nun zwei Stunden bei uns bleiben. Behutsam versuchten wir, das Spiel zu variieren. Wir legten ein Sieb in den Sand. Wir hofften, dass sie den Sand durch das Sieb rieseln lässt. Wir versteckten bunte Glaskugeln im Sand. Wir stellten unterschiedlich große Gefäße dazu. Sie begann sich für die Dinge zu interessieren. Sie füllte die Gläser, sie fischte nach den Glaskugeln.
Vorsichtig erlaubte sie uns, mit ihr gemeinsam in der Sandkiste zu spielen. Wir siebten gemeinsam, wir schütteten den Sand von einem Glas in das andere, wir rührten um, gossen Wasser dazu. Wir sangen leise monoton Verse wie: „Backe, backe Kuchen, der Bäcker hat gerufen. Backe, backe Kuchen, Julia hat gerufen. Backe, backe Kuchen, Mama hat gerufen. Backe, backe Kuchen, Papa hat gerufen." Leise sang sie mit:

„Papa hat gerufen, Mama hat gerufen."
Es dauerte ein halbes Jahr, bis Julia geschützt von Mama und Papa ihren Schutzmechanismus des Rückzugs aus der bedrohlichen Umwelt „Julia verloren", aufgab. Das erste Lachen, die ersten ganzen Sätze, der Wunsch, wieder mit Mama mit Buchstabenpuzzle und Wörterkoffer zu lernen, waren wie eine zweite Geburt für Julia und für ihre Eltern.
Wir waren über den Entwicklungsverlauf erleichtert und dankbar. Wir hatten hautnah begriffen, dass Julias Rückzug für sie sinnvoll war. Wir waren bemüht, adäquat zu reagieren, und das unerwartete ersehnte Verhalten stellte sich ein wie ein warmer Sommerregen nach einer Periode von Trockenheit und Dürre.
Nachdem sie wieder mit uns spielen wollte, boten wir ihr an, mit uns gemeinsam geteilt plastisch und bildnerisch zu gestalten. Es entstanden Knetebilder, Kartoffeldruckbilder, Tuschbilder und Plastiken. Sie „las" wieder mit Begeisterung das Bilderbuch von „Heidi" und spielte die Geschichte mit Miniaturen nach. Sie wollte wieder mit uns Wörter legen und schreiben.
Wenn ich nun mit Julia die Treppen hochstieg, sagte sie nicht mehr:
„Mama nicht, Lisa nicht."
Sie blieb auf jeder Stufe stehen und winkte:
„Tschüss Mama. Tschüss Mama."
Sie weiß, dass sie anders ist, aber sie hat die wichtige Erfahrung gemacht, dass der soziale Schutz mehr wärmt als die autistische Schutzreaktion.
Gestern habe ich Julias Schule besucht. Sie ist zwar als Integrationskind im 2. Schuljahr, aber sie erfüllt auch Leistungen des Regelunterrichts. In der ersten Biologiearbeit hat sie ein „sehr gut". Sie wusste als einzige in der Klasse, dass der braune Kreis der Sonnenblume die Staubgefäße sind.
In der zweiten Biologiearbeit hat sie wieder ein „sehr gut". Es ging darum, alle Merkmale eines Baumes zu bestimmen.
Sie schreibt Diktate mithilfe von Plastikbuchstaben auf eine Magnettafel. Der Text wird von ihr oder von der Lehrerin in das Klassenarbeitsheft übertragen und bewertet. Die Grundlage für den Mathematikunterricht und die Klassenarbeiten ist die Didaktik von Reinhard Kutzer. Die Eltern sind entschlossen, Julia den Weg zum Hauptschulabschluss zu ermöglichen.

Julia (4 Jahre)...

...und Flora (3 Jahre)...

...haben Freude am Malen und Wörter legen

Wir können Julia...

...mit ihren Lieblingskeksen...

...keine Freude mehr machen.

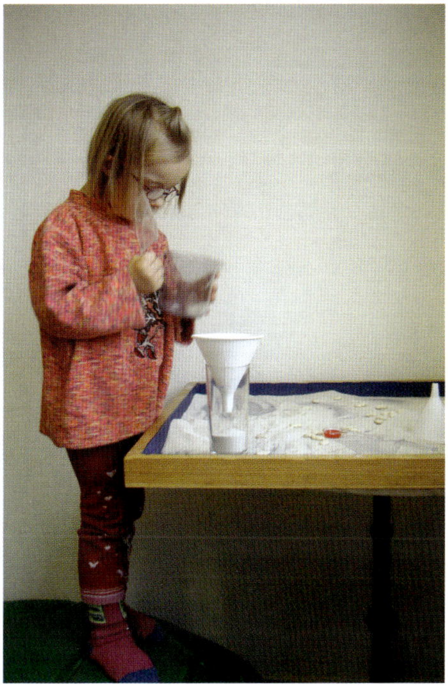

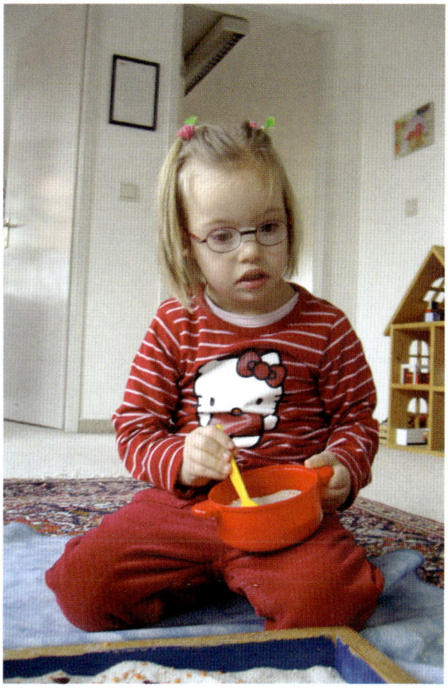

Julias Rückzug

Julia teilt nun ihr Spiel mit Puppen...

...und dann mit uns.

Julia hat nun wieder Freude am bildnerischen Gestalten.

Julia hat wieder Freude an Büchern, am Spiel mit Miniaturen,...

...am Lesen und Schreiben.

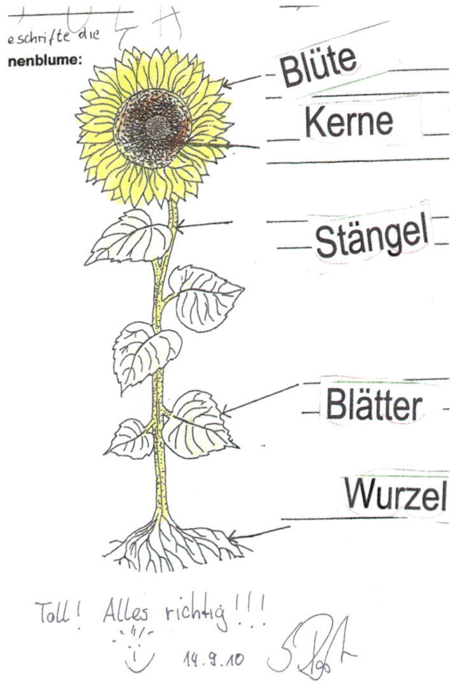

Julias Biologiearbeit

2. Beantworte die Fragen:

a.) Wie schützt sich der Stängel vor Schnecken?

Antwort: Der Stängel ist haarig.

b.) Aus welchem Land kommt die Sonnenblume?

Antw Aus Amerika. ✓

c.) Was saugen die Bienen aus der Blüte?

Ant Sie saugen Nektar ✓

Julia
Diktat 22.11.2010

Auf dem Bauernhof
Martin hilft dem Bauern.

toll gemacht!

Julias Diktat

Als Dustin die ersten autistischen Signale äußerte, hatte ich der Mutter zwar meine Besorgnis mitgeteilt, aber die Mitteilung blieb ohne Konsequenzen. Die Eltern zogen in eine andere Stadt, und erst Jahre später erfuhr ich, dass Dustin schon jahrelang erfolglos im Autismusinstitut behandelt wurde. Inzwischen ist er ein anerkannter „unheilbarer" Autist mit Trisomie 21 geworden.
Es wird von Tag zu Tag schwieriger mit ihm, gemeinsam geteilt, soziale Schutzmechanismen zu entwickeln.

2.3 Der Schutzmechanismus der verhaltensauffälligen Reaktionsbildung

Alexander war ein Hoffnungsträger. Er war vier Jahre alt, als er zu mir in die Praxis kam. Er sprach drei Sprachen. Er konnte von einer Sprache in die andere überwechseln. Wenn ich ihn fragte: „Wie heißt der Satz – der Vogel fliegt – im Spanischen", schmunzelte er: „El pajaro vuelve."
Als er mit sechs Jahren Haus- und Zootiere klassifizierte, sagte ich: „Schau, dies ist ein Kamel." Er unterbrach mich:
„Nein, das hier ist ein Trampeltier und das hier ist ein Dromedar".
Seine Sprache war differenziert und die Grammatik regelgerecht.
Er fiel dadurch auf, dass es ihm fast egal war, was ich ihm für Lernspiele anbot. Er erledigte alle Aufgaben. Einmal schrieb er ca. vierzig Buchstaben auf großformatige Plastikkarten. Er schrieb und schrieb und hörte erst auf, als ich zu ihm sagte: „Nun tut dir doch bestimmt die Hand weh."
Wenn seine Mutter ihn abholen wollte, schüttete er schnell ein Buchstabenpuzzle auf den Boden, leerte eine Spielzeugkiste aus oder versteckte sich, um die Zeit in der Praxis hinauszuzögern. Er lag unter dem Tisch und klammerte die Arme um die Tischbeine. Er weinte, wenn er abgeholt wurde. Daraufhin erhielt er eine Doppelstunde. Das führte aber dazu, dass er nun gar nicht mehr nach Hause wollte.
Als er eingeschult wurde, hatte ich die Hoffnung, dass er nun seine Fähigkeiten unter Beweis stellen konnte. Er konnte inzwischen die großen und die kleinen Buchstaben und er legte mithilfe von Handgebärden ganze Wörter. Er sah sich stundenlang Bilderbücher an, die die Geschichte von Mogli, dem Dschungelkind, erzählten. Er hörte versunken die Kassetten. Er

versuchte, die Lieder mitzusingen. Ich fertigte mit ihm seine erste Lesefibel an. Sie handelte von Mogli.
Er las nun mit mir schnell ganze Sätze.
In der Schule sollte er lernen, sich zu gedulden, er sollte sich in die Klasse integrieren, er sollte brav alle vier Wochen einen Buchstaben lernen. Er bekam keine Aufgaben, die seinem Leistungsniveau entsprachen.
Es war im Winter und abends stockdunkel. Um sieben Uhr sollte seine Mutter ihn abholen. Als er das Klingeln hörte, lief er schnell in einen anderen Raum und schloss sich ein. Er rief: „Mama, geh nach Hause. Ich will hier bleiben."
Dann verhielt er sich ganz still.
Wir bettelten abwechselnd, dass er doch aufschließen möge, doch er rührte sich nicht. Nach zwanzig Minuten ging ich in mein Büro, um einen Schlüsseldienst anzurufen. Seine Mutter sagte zu ihm: „Ich gehe jetzt nach Hause. Frau Manske ist schon zu Hause." Er schloss die Tür auf und sah mich aus dem Büro kommen. Die Mutter griff schnell seine Hand, und ich war erleichtert, dass alles ein gutes Ende genommen hatte. Das dachte ich.
In dem Augenblick muss für Alexander eine Welt zusammengebrochen sein. Sein verzweifelter Hilfeschrei: „Mama, lass mich lernen. Mama, geh nach Hause, lass mich lernen", wurde weder von mir noch von der Mutter wahrgenommen. Ich hätte der Mutter sagen sollen, dass sie in ein, zwei Stunden noch einmal anrufen sollte. Notfalls hätte ich Alexander die ganze Nacht in der Praxis lassen sollen. Es gibt dort zwei Couchen. Ich hätte mit ihm über seinen Schmerz sprechen sollen.
Er hatte seiner Mutter und mir sein Vertrauen entgegengebracht, und er hatte es in wenigen Minuten verloren. Von dem Augenblick an wusste er, dass er seine Sehnsucht zu lernen und seinen Schmerz, geistig zu verhungern mit niemand teilen konnte.
In der nächsten Lernstunde war nichts mehr wie vorher. Alexander würdigte mich keines Blickes. Er riss einigen Puppen Arme und Beine so schnell ab, dass ich es nicht verhindern konnte. Ich versuchte mit ihm zu sprechen. Er hörte mich gar nicht.
„Halt die Klappe, halt die Klappe."
Er spuckte auf den Fußboden, stieß Tisch und Stühle um und schlug um sich. Ich war völlig ratlos. Seine Mutter beruhigte mich. Sie war überzeugt, dass das nur eine Ausnahmesituation sei und alles wieder so werden würde

wie vorher. Das war ein Irrtum. Wir erreichten Alexander nicht. In meiner Ratlosigkeit verteilte ich alle Dschungelbücher und alle Dschungeltiere auf dem Boden. Ich spielte die Kassette „das Dschungelbuch" ab und unterhielt mich mit Balu: „Balu, weißt du, warum Alexander so traurig ist? Kannst du mir sagen, wer ihm wehgetan hat? Du bist sein Freund. Er wird es dir erzählen..." Er reagierte weiterhin nicht auf mich, doch seine Aggressionen gegen die Puppen und andere Dinge wurden milder.

Alexander nahm die Moglipuppe in die Arme und sprach mit ihr sinngemäß: „Mogli, du bist ganz allein, Mogli, du hast keinen Freund, Mogli, du hast keine Eltern, Mogli, du hast Angst, Mogli, du hast mich. Mogli, ich bin doch dein Freund."

Eine Kollegin, eine Praktikantin und ich hörten ihm stumm zu. Wir hatten Tränen in den Augen. Wir hätten ihn nicht trösten können.

Zu der kleinen Plastikpuppe hatte er mehr Vertrauen als zu uns. Ich überlegte, ihm von einer Puppenmacherin eine Moglipuppe anfertigen zu lassen, ein Trost spendendes Übergangsobjekt, bis er wieder Vertrauen in die Menschenwelt gewinnen konnte. Sein Vater lehnte es strikt ab, ihn mit einem Fetisch auszurüsten.

Mir war bewusst, dass meine einzige Chance, sein Vertrauen zurückzugewinnen, darin bestand, mit ihm in Moglis Welt einzutauchen. Ich legte Ausmalbilder bereit, die Mogli, Balu, Shir Khan, Bagira und Kaa darstellten. Er wollte nicht mehr malen. Er hielt die Moglipuppe fest in der Hand und blätterte in den Moglibüchern. Am meisten liebte er ein Comicheft. Seine Mutter erzählte mir, dass er das ganze Wochenende auf dem Boden gelegen und leise für sich gesprochen hätte. Sie entschuldigte sich, weil die unteren Ränder des Heftes vom vielen Umblättern schwarz und rissig geworden waren. Ein siebenjähriges Kind kann sich nicht auf Dauer mit einer Plastikpuppe schützen.

Die Eltern beendeten die Arbeit mit mir. Alexander wird nun mit Verhaltenstherapie und Lerntherapie behandelt, weil er z. B. in der Schule Tische und Stühle umkippt und andere Kinder bespuckt und schlägt. Angepasstes Verhalten wird belohnt, abweichendes Verhalten wird im besten Fall nicht beachtet. Alexander hatte es den Therapeuten so leicht gemacht, weil er in der Lage war, seinem Schmerz Ausdruck zu verleihen. Lob und Tadel können Tränen nicht trocknen und Wunden nicht heilen.

2.4 Der Schutzmechanismus der psychotischen Reaktionsbildung

Eine Mutter sagte zu mir: „Ich würde alles dafür tun, wenn ich die Welt nur für einen Augenblick so sehen könnte wie meine Tochter. Für einen Moment möchte ich mit ihr ihre Welt teilen. Ich möchte in ihrer Welt sein. Dann wäre mir meine Tochter nicht mehr fremd und ich wäre ihr nicht mehr fremd."

Allein, dass die Mutter das sagen konnte, zeigt, wie nah sie ihrer Tochter ist. Klopfzeichen gegen Panzerglas. Ein Morsealphabet der Sehnsucht nach Verständigung. Der Übersetzer fehlt. Deuten und reagieren und deuten, bis das Panzerglas einreißt.

Helia sprach bereits in ihrer eigenen Sprache. Sie hatte sich von dieser Welt geistig verabschiedet. „Schizophrenie" lautete die Diagnose. Niemand verstand ein Wort. Ich erfuhr von der Sozialpädagogin, dass sie einmal mit Helia in der Woche zum Reiten gehen würde. Ich sang ihr das Lied vor: „Wir reiten geschwinde durch Feld und durch Wald, wir reiten bergab und bergauf, und fällt wer vom Pferde, dann fällt er gelinde und klettert geschwind wieder auf. Es geht über Stock und Stein, wir geben dem Rosse die Zügel und reiten im Sonnenschein, so schnell als hätten wir Flügel. Heißa hussa, es geht über Stock und Stein, heißa hussa und in den Stall hinein." Sie sang das Lied leise mit. Ich bat sie, es nach Diktat aufzuschreiben. Sie schrieb den Text. Dann sprach sie wieder in ihrer Sprache. Ich übersetzte: „Ich habe mit Christel gesungen. Ich war mit Marion reiten. Das macht uns große Freude. Ich liebe mein Pferd..." So ging das mehrere Wochen. Ich verstand kein Wort, und Helia schrieb meine Übersetzungen.

Zum ersten Mal hatte ich das Gefühl, dass ich einen Satz verstanden hätte. Ich diktierte: „Marion soll die Fässer halten." Helia schrieb: „Marion soll die Fresse halten." Ich las: „Marion soll die Fresse halten." Marion, die Sozialpädagogin, las den Satz auch laut und deutlich: „Marion soll die Fresse halten." Dann las Helia den Satz.

Dieser wunderbare Satz strahlte in der Dunkelheit. Wir sahen ein kleines Licht am Ende eines schwarzen Tunnels. 20 Jahre lang konnte niemand ihre schizophrene Sprache verstehen. Nun half uns dieser Satz, anwesender zu sein und ermutigte uns, genauer hinzuhören. Helia, so schien es mir, suchte nach ihrer untergegangenen Sprache. Dann hörte ich ganz deutlich: „Heikelein."

Ich übersetzte: „Heikelein. Ich denke gerade an Heikelein."
Helia sah mich an.
„Das arme Heikelein."
Ich wiederholte: „Das arme Heikelein." Nach ungefähr einem Jahr verstanden wir, erst Wörter, dann Sätze. Und diese Sätze spiegelten Erfahrungen von Gewalt wider, für die es tatsächlich keine Sprache gibt. Helia wollte die Praxis nicht mehr verlassen. Wir knipsten das Licht aus. Wir warteten im Treppenhaus.
Von der Mutter erfuhren wir nur, dass Helia als elfjähriges Mädchen von fünf Ausländern auf der Kirmes missbraucht worden sei. Da gab es noch den „Kölner". Da gab es noch die geschlossene Abteilung in der Psychiatrie. Da gab es die kleine, farbige Puppe: „Mein Baby, mein Baby." Von Marion erfuhr ich, dass sie während des Aufenthalts in der Psychiatrie einen farbigen Freund hatte.

Auf einer Fachtagung für und von Frauen berichtete eine Referentin, dass nach einer englischen Studie achtzig Prozent der Frauen mit geistiger Behinderung Opfer von sexueller Gewalt sind.

„Es ist hohe Zeit, nicht nur von den großen Kriegen zu sprechen, sondern auch von dem kleinen Krieg, der den Alltag verwüstet und der keinen Waffenstillstand kennt: Von dem Krieg im Frieden, seinen Waffen, seinen Folterinstrumenten und Verbrechen, der uns langsam dazu bringt, Gewalt und Grausamkeit als Normalzustand zu akzeptieren. Krankenhäuser, Gefängnisse, Irrenhäuser, Fabriken und Schulen sind die bevorzugten Orte, an denen dieser Krieg geführt wird, wo seine lautlosen Massaker, seine Strategien sich fortpflanzen im Namen der Ordnung."[6]

6 Basaglia, F., Foucault, M., Castel, R. (1991). Befriedungsverbrechen. Über die Dienstbarkeit der Intellektuellen. Frankfurt a.M.: Europäische Verlagsanstalt S. 54

3. Schule als Ort der Behinderung

Ralf hatte nach Meinung der Experten kein Rechenzentrum. Sie konnten nicht sehen, dass Ralf ein kompromissloses Bedürfnis nach Klarheit hatte. Er sagte sinngemäß: „Die deutsche Sprache sollte eine Transportsprache sein, die das Wissen transportiert. Doch die Sprache der Lehrer ist eine Geheimsprache, die hinter der verschlossenen Tür gesprochen wird."
Er erklärte mir dann seine Sicht der vier Grundrechenarten.
„Mathematik als Gleichung ist die Flamme der Gerechtigkeit. Ist der kommende Jesus. Mathematik, die dazu dient, Gerechtigkeit auszuwirken, würde mich sehr interessieren."
Er lernte erst mit zwanzig Jahren die vier Grundrechenarten. Er erklärte mir, was an der Rechnerei für ihn nicht akzeptabel ist. Addition bedeutete für ihn das Verlangen, immer mehr zu besitzen. Damit wollte er nichts zu tun haben. Subtraktion bedeutete für ihn, den Nullpunkt nicht zu fürchten. Als Arbeiter in einer Werkstatt für Behinderte mit einem Groschenlohn in der Tüte war er auf dem Nullpunkt angelangt. Sein Bruder, der Medizin studierte, fürchtete den Nullpunkt und neigte zur Addition. Division bedeutete, den Hunger in der Welt abzuschaffen. Solange noch ein Kind an Hunger sterben würde, sei die Division, wie sie in der Schule gelehrt wird, Heuchelei.
Er fragte mich: „Ich vermochte nie zu sagen, was ein Bündel ist."
Die Lehrerin sagte manchmal, dass ein Bündel 5 oder 7 oder 10 sind. Ich erklärte ihm, dass ein Bündel immer so groß ist wie die Stückzahl, die es enthält. Das verstand er sofort. Er bündelte als Helfer auf einem Biohof Karotten, Radieschen und Zwiebeln und verkaufte sie im Bus. Die Multiplikation gefiel ihm.
Ich war, als ich mit Ralf arbeitete, 39 Jahre alt und hatte keine Erfahrungen mit Menschen, die in einer Werkstatt für Behinderte arbeiten. Heute weiß ich, dass Ralf ein zutiefst begabter Mann ist, der durchaus hätte studieren können. So gesehen haben andere Schüler Ralf sehr viel zu verdanken.
Ein ehemaliger Schüler meiner Praxis, der vier Schuljahre in eine Walddorf-

schule für seelenpflegebedürftige Kinder ging und mit zehn Jahren noch nicht bis zehn addieren konnte, studiert z. B. heute Medienwissenschaften in Hamburg. Dort einen Studienplatz zu bekommen, ist fast wie ein Sechser im Lotto.

Jan-Erics Eltern sind selbstbewusst. Als ich zu seiner Mutter sagte: „Sie sind eine wunderbare Mutter", erwiderte sie: „Ich habe auch einen wunderbaren Sohn." Jan- Eric ist immer liebevoll gekleidet, hat einen Tophaarschnitt, geordneten Schulranzen, duftet wie ein Rosengarten, hat strahlende Augen und geht aufrecht. Er weiß, was ihn interessiert und er macht nichts, was ihm sinnlos erscheint. Er sagt, dass er Fernsehen will: „Ratatouille". Ich antworte: „Ich habe keinen Fernseher." Dann sagt er, dass er das Dschungelbuch hören will. Ich sage: „Heute nicht." Dann nimmt er sich das Dschungelbuch und setzt sich auf das Sofa. Er sagt mir, dass er sich das Buch ungestört anschauen möchte. Er verzichtet auf Lob. Das macht ihn stark und mich schwach.
Als ich zu seiner Mutter sagte, dass ich mit der Lehrerin ein Gespräch führen möchte, antwortete sie: „Frau Manske, ich und auch mein Mann möchten mit der Lehrerin kein Gespräch mehr führen. Wir sehen darin keinen Sinn. Sie spricht schlecht über unseren Sohn. Die Hausaufgaben, die er machen soll, sind der reinste Unsinn. Er soll Einsen schreiben, zehn große und zehn kleine Einsen. Er geht ein halbes Jahr zur Schule und hat nichts gelernt. Er konnte doch schon alle Buchstaben. Er soll ankreuzen, welche Wörter nicht mit „K" anfangen. Wir verstehen nicht, was das soll. Sie sagt, dass er das Lesen wohl nie lernen wird. Sie hat doch gar nicht versucht, mit ihm zu lesen. Er soll einen Talker bekommen. Sie will, dass er mit einem Talker spricht. Jan-Eric versteht uns und wir verstehen ihn. Sie will aus ihm einen Behinderten machen. Wir wollen das nicht. Wir unterschreiben nichts mehr. Er lernt mit uns und er lernt bei Ihnen. Wir haben ihr das gesagt, doch sie will es nicht verstehen."
Jan-Eric zwingt mich, mich ständig in Frage zu stellen. Ich darf ihn nicht enttäuschen. Das ist mein Job.

Loretta war in unserer Praxis auf die Schule vorbereitet worden. Sie konnte alle Groß- und Kleinbuchstaben lautieren, sie konnte die Buchstaben mithilfe von Rahmenschrift und Richtungspunkten akkurat schreiben, sie hatte

Freude, mithilfe von Gebärden Wörter zu legen, und am liebsten malte sie mit Akribie Bilder aus. In der Schule begann sie das Lesen mit der Fibel Mi und Mo. Mi und Mo sind zwei Bären. Nachdem sie nun eineinhalb Jahre zur Schule geht, liest sie immer noch Mi und Mo und Mama und Papa und Loretta. Am Mathematikunterricht nimmt sie nicht teil. Wenn ich sie nach der Schule frage, antwortet sie immer: „Etta blöd, Etta dumma, Schule dumma."

Sie will nicht mehr Wörter legen. Sie will nicht mehr Bilder anmalen. Mit Kritzeleien ahmt sie die Kinder nach, die die Schreibschrift beherrschen. Zum Schluss zerreißt sie die Kritzelei. Vor der Schule hat sie in Erwartung neuer Aufgaben aufrecht an ihrem Platz gesessen, jetzt hängt sie gebeugt über dem Tisch und verdeckt ihre Arbeiten mit den Händen. Integration bedeutet für Loretta, dass sie fröhlich akzeptieren soll, dass sie, obwohl sie „dumma" „blöd" ist, überall dabei sein darf. Doch Loretta ist todunglücklich, kein Vorzeigeintegrationskind.

Sie hat zutiefst begriffen, dass ihre Leistungen im Vergleich zu den anderen Kindern nichts wert sind. Ihre Klassenkameraden sind eingeschult worden, um etwas zu lernen. Loretta ist mit dem Ziel eingeschult worden, anzuerkennen, dass sie nicht an ihrer obersten Leistungsgrenze gefordert und gefördert wird. Sie muss nicht, wenn sie nicht will. Es ist ihr erlaubt, gar nichts zu lernen, und die Lehrer müssen auch nicht, wenn sie nicht wollen oder oft nicht können.

Max rechnet im Mathebuch von KUTZER. Er soll einen Zug beladen. Ihm stehen fünf Waggons und 43 Kisten zur Verfügung. Er hat keine Probleme, dies zu tun. Er sagt: „Dreiundvierzig." Nun könnte ich meinen, dass er diese Aufgabe verstanden hat. Doch für Max beginnt die Katastrophe, als ich ihn frage: „Gibst du mir einen Waggon?" Er reicht mir einen leeren Waggon und sagt: „Zehner ist das:"

Ich frage: „Wieso?"

Er gibt mir noch einen Waggon: „Auch noch ein Zehner."

Ich antworte: „Das ist doch kein Zehner. Sag mir, was du in der Hand hältst."

Max sitzt da, mit Tränen in den Augen, wie erstarrt.

„Mein Lehrer hat gesagt. Du nicht?"

Ich will wissen, was in Max Kopf vorgeht. „Was hast du in der Hand? Schau genau hin. Mach die Augen zu. Fühl, was du in der Hand hast!"

„Auch noch vier Räder."
„Was hast du in der Hand?"
„Ich ein Auto und hat vier Räder. Stimmt doch."
„Ein Waggon oder ein Auto?"
„Ich habe einen Wagen."
„Nimm noch einen Wagen. Mach die Augen zu."
„Ich zwei Wagen."
„Kennst du Wagen?"
„Hier zwei Wagen, hast du gesagt."
„Schreib ein W auf jeden Wagen." Max schreibt ein W auf jeden Wagen und atmet auf: „Wagen sind das."
Er kannte das Wort „Waggon" nicht.
Ich komme auf das Ausgangsproblem zurück: „Du sagst, dass dein Lehrer zu diesem Wagen Zehner gesagt hat?" Max schaut mich mit unbeweglichem Gesicht und großen Augen an. Er sitzt ganz gerade auf seinem Stuhl. Beide Hände liegen auf dem Tisch. „Wenn er das so gesagt hat, hat er etwas Falsches zu dir gesagt. Du hast einen leeren Wagen in der Hand." Max schweigt. Ich sage: „Hier sind die Kisten. Die sollen in den Wagen geladen werden." Ich gebe ihm eine Handvoll grüne quadratische Klötze. Ich frage ihn: „Weißt du, was Kisten sind?"
Max antwortet: „Kisten nicht."
„Kennst du Pakete?"
Max lächelt. „Pakete mit der Post. Ich warte. Morgen ich krieg ein Paket. Ich hab H2O (Bücher einer gleichnamigen Fernsehserie) bestellt."
Ich sage: „Lade ein Paket in den Wagen." Er tut das. Wie viele Wagen hast du nun und wie viele Pakete?" Max hat plötzlich ganz wache Augen.
Er hört mir zu: „Ich hab einen Wagen und hab ein Paket reingelegt."
Ich sage: „Lege zehn Pakete auf einen Haufen. Der Postwagen will sie abholen."
Max zählt leise ab: „Zehn Pakete. Der Wagen nun voll."
„Dein Lehrer hat gemeint, dass du zehn Pakete auf einen Wagen laden kannst. Wenn du zehn Pakete zusammen schnürst, dann hast du ein Zehnerpaket." Ich zeige ihm das Zehnerpaket. „Wenn der Postbote groß und stark ist, dann nimmt er ein großes Zehnerpaket und legt es in den Postwagen. Dann muss er nur einmal laufen. Wenn er klein ist, dann nimmt er immer nur ein Paket. Dann muss er zehnmal laufen. Wenn du das Zehner-

paket auseinander schnürst, dann hast du wieder zehn Einerpakete." Wir spielen die Situation mit Miniaturen nach. Er lächelt.
Ich frage: „Wenn du noch einen Wagen hast, wie viele Pakete kannst du nun abschicken?"
Nun strahlt Max: „Zwanzig kleine Pakete."
Ich fahre ihm mit der Hand über den Kopf: „Großartig." Endbekräftigung für die schnelle Lösung. „Und der starke große Postbote, wie viele Zehnerpakete packt der in den Wagen?"
„Zwei!"
Das Frontalhirn ist innerviert. Die Zellaktivität spiegelt sich in Mimik und Gestik wider. Rechte und linke Hemisphäre bilden eine Einheit. Wir verstehen uns. Ich sage: „Du hast vier Wagen."
Max unterbricht mich: „Für vierzig Pakete."
Ich zeige auf die Aufgabe im Mathebuch von KUTZER, die fünf Waggons darstellt für 43 Kisten. „Wie viele Wagen brauchst du, wenn du ein Paket wegnimmst."
„Fünf Wagen brauch' ich für 42 Pakete."
„Und wenn du noch ein Paket wegnimmst?"
„41 Pakete!"
„Und noch eins?"
„40!"
„Und noch eins?" Max antwortet, ohne überlegen zu müssen: „39!"
„Wie viele Wagen brauchst du dafür?"
„Vier!"
Ich sage: „Du musst alle fünf Mathebücher machen. Dann machst du den Schulabschluss. Jeden Tag eine Seite mit Mama. Lesen und Schreiben und Malen kannst du schon." Max reckt verschmitzt die Nase zum Himmel. Ich sage: „Du musst fleißig sein."
„Du auch!", antwortet er. Die Mutter fügt hinzu: „Jetzt müsste die Mathestunde beginnen. Er ist hellwach. Niemand traut ihm etwas zu. Wenn er sagt, dass er keine Lust hat, dann darf er machen, was er will. Er ist so bequem geworden. Im Augenblick sind wir verzweifelt. Max hat das auch mitbekommen, dass ich geweint habe. Ich will die Hoffnung nicht aufgeben. Es ist manchmal so schwer. Max hat nun auch keine Freunde mehr. Die haben andere Interessen, doch das stimmt ja gar nicht." Ich wiederhole noch einmal: „Er muss lernen. Einen anderen Weg gibt es nicht."

Max hat zugehört: „Manske, du bist lieb."
Dies ist ein Minibeispiel für die chronische Schulkatastrophe. Der Lehrer hat zu dem leeren Waggon Zehner gesagt. Max wusste nicht, was ein Waggon ist, und er konnte nicht verstehen, warum er zu dem vierrädrigen Ding dann auch noch Zehner sagen soll. Max hat sich genau gemerkt, was der Lehrer gesagt hat. Damit beginnt die Katastrophe. Er hat einen Wagen mit Rädern in der Hand und traut seinen fünf Sinnen nicht mehr. Vor der Schule hätte er zu dem Teil mit den 4 Rädern in der Hand einen Oberbegriff gefunden: „Ein Auto" „ein Zug," „ein Wagen." Nun sagt er Zehner und er weiß beim besten Willen nicht, was er meint, was er selbst sagt.
Was diesen Lehrer vor vielen anderen Lehrern auszeichnet, ist, dass er Kindern mit Trisomie 21 tatsächlich Mathematik zu lehren versucht. Die meisten Kinder bekommen Blätter, auf denen sie abgebildete Zahlen nachschreiben sollen oder auf denen immer wieder die gleichen Aufgaben stehen. Sie sollen mithilfe von Anschauungsmaterial, wie z. B. Hundertertafeln, einerweise zusammenziehen oder abziehen.
Ralf Fingerhut hatte seinem Leidensweg vor dreißig Jahren den Buchtitel gegeben: „Ich war behindert an Hand der Lehrer und Ärzte."[7]
Noch heute nehme ich das Buch in die Hand und begreife es immer wieder neu.

7 Fingerhut, R., Manske, C. (1984). Ich war behindert an der Hand der Lehrer und Ärzte. Protokoll einer Heilung. Reinbek: Rowohlt Verlag

4. Das Zeichen für unseren eigenen Defekt

Bevor wir uns Gedanken über die Kinder machen, ist es notwendig, uns mit unseren eigenen Ängsten gegenüber dem Monster „Behinderung" auseinanderzusetzen. Die Angst, selbst als dumm zu gelten, bemächtigt sich unserer Vernunft mehr als die Angst, von der Dummheit der Begriffskonstrukteure angesteckt zu werden, die entscheiden, wer behindert ist und wer nicht, wer unwert und wer wertvoll ist.

So funktioniert die Auslese, das Fundament unseres Bildungssystems. „Das wahrhafte Zeichen für unseren eigenen Defekt", wie VYGOTSKIJ[8] anmerkt, das ist unsere gelähmte Wahrnehmung, unser blockiertes Empfinden, unsere Sprachlosigkeit, unsere verstaubte Intuition.

Bevor der Zensor unserer unverstellten Sichtweise von uns Besitz ergreifen kann, hat er sich außerhalb von uns etabliert und programmiert uns tagtäglich entsprechend unserer kulturellen Gegebenheiten.

Ralfs Mutter gestand mir, dass sie ihren Sohn aus dem Fenster eines Hochhauses werfen wollte, weil der Arzt zu ihr gesagt hatte: „Ihr Sohn ist eine völlige Missgeburt. Schaffen Sie sich ein gesundes Kind an." Sie war eher bereit, lebenslänglich ins Gefängnis zu gehen als ihrem Sohn ein unwürdiges Leben zuzumuten. Sie brachte es dann doch nicht über das Herz, ihn fallen zu lassen, weil er sich an sie festklammerte.

Tarek zeigt auf seine Handfalte: „Mama, ich will diese Falte in der Hand nicht mehr."

Tarek hat mit zehn Jahren längst begriffen, dass ein Kind mit einer Handfalte ein Unfall ist. Wir sollten Tarek erklären, dass sein Problem nicht die Falte in seiner Hand ist, sondern ein defektives gesellschaftliches Denken über Kinder mit Trisomie 21.

8 Vygotskij, L. S. (1975). Zur Psychologie und Pädagogik der kindlichen Defektivität. In: Die Sonderschule. Jg. XX (1975). H.2. Berlin (DDR)

Nach meiner Erfahrung erhalten diese Kinder weder in den Integrationsklassen, noch in den speziellen Schulen für Kinder mit geistiger Behinderung geeigneten Unterricht. Die Eltern dürfen sich entscheiden, auf welcher Schulart ihr Kind nicht gefördert wird. Beide Schulformen haben sich als ungeeignet erwiesen, das Recht auf Bildung dieser Kinder zu realisieren. Die Hamburger Schulbehörde feiert zwanzig Jahre Integration. In diesen zwanzig Jahren hat nicht ein einziges Kind mit Trisomie 21 einen Schulabschluss erworben. Es ist nicht einmal gelungen, einem Kind den Besuch einer Schule für Kinder mit Lernbehinderung zu ermöglichen, um diese erfolgreich in der neunten Klasse abzuschließen.

Die Lehrer von Integrationsklassen wissen in der Regel nur so viel über Trisomie 21, dass es sich um eine „angeborene geistige Behinderung" handelt. Von den Sonderschullehrern, die ca. 4 Stunden in der Woche mit den Integrationskindern arbeiten, haben einige Behindertenpädagogik studiert, dennoch haben sie keine Ausbildung erfahren, diese Kinder adäquat zu unterrichten, um ihnen einen Schulabschluss zu ermöglichen.

Die Lebenswelt der Kinder ist im Wesentlichen bedrohlich. Ihre Fragen: „Warum habe ich eine Handfalte, warum kann ich nicht malen, warum kann ich nicht hinken auf einem Bein, warum bin ich Integrationskind, bin ich behindert, wer ist noch behindert, warum denn Abtreibung?", bleiben unbeantwortet. Sie finden kein geistiges, kulturelles Erbe vor, auf das sie sich positiv beziehen können. Ihre Geschichte ist bestenfalls die Geschichte des Überlebens im Abseits. Vorbilder, die „über das Kuckucksnest" flogen, sind ihnen weitgehend unbekannt.

Trisomie 21 wird als angeborene geistige Behinderung eingestuft.

Diese Begründung ist angenehm, weil sie Eltern, Erzieher, Lehrer, Ärzte und Politiker von jeglicher Verantwortung für das geistige Zurückbleiben der Kinder freispricht.

Sie ist hoffnungslos, weil damit die Frage nach einer gerechten Pädagogik für diese Kinder gar nicht erst gestellt werden muss.

Vor einigen Monaten meldete ein Vater, der gerade zum zweiten Mal geheiratet hatte, seinen dreijährigen Sohn aus erster Ehe mit Trisomie 21 aus meiner Praxis ab: „Unsere Familiensituation hat sich geändert. Als Vater kann ich mich nicht nur um Jan kümmern. Er geht jetzt in den Kindergarten. Er muss selbst sehen, wie er damit zurechtkommt. Er wollte auf die Welt. Er hat sich selbst für sein Leben entschieden."

Dieser Junge trägt auf seinen kleinen Schultern einsam die Verantwortung für sein zukünftiges Scheitern in der Schule, für seine gesellschaftliche Isolation, eine beschränkte Lebensperspektive in lebenslanger Abhängigkeit. Die gesellschaftlichen Verhältnisse, die er vorfindet, geben ihm nicht den Hauch einer Chance, sich als selbstbewusst und selbstständig zu rehabilitieren.
Kinder mit Trisomie 21 haben ein unlösbares Problem. Sie sind in unserer Gesellschaft nicht willkommen, weil sie als geistig behindert gelten. Ihre heroischen und verzweifelten Versuche, der Entwicklung der geistigen Behinderung von klein auf entgegenzuwirken, werden weder gesehen noch anerkannt.
Wenn es ihnen dennoch gelingt, die Vorurteile zu widerlegen, entsprechen sie nicht mehr dem klassischen Rollenverständnis, das unsere Gesellschaft ihnen zugesteht. Denn die einzige Anerkennung, die sie ihnen zugesteht ist die, als geistig behindert zu gelten, und das wiederum bedeutet, nicht anerkannt zu werden.

VYGOTSKIJS Botschaft, dass alle Behinderung in erster Linie sozialer und nicht biologischer Natur ist, ist inzwischen achtzig Jahre alt. Sie erfrischt unsere Psyche noch heute und auch zukünftig wie der Tau am frühen Morgen. Wir arbeiten zu keiner Zeit mit Wahrheiten, sondern immer nur mit Konstruktionen, die so zur Gewohnheit geworden sind, dass sie in der Regel nicht mehr hinterfragt werden. Unser Konzept geht davon aus, dass diese Kinder nicht gottgegeben geistig behindert sind. Das klingt ungewöhnlich, weil bisher viele Erfahrungen dagegen sprechen. Unsere Aufgabe besteht darin, dass wir uns fragen, wie es möglich ist, dass wir die Kinder immer noch als geistig behindert wahrnehmen, obwohl uns doch inzwischen viele irritierende Ausnahmen bekannt sind. Pablo Pineda hat sich als Betroffener geoutet. Er ist nicht der Einzige, aber zurzeit ist er in Deutschland der populärste. Er hat eindeutig Trisomie 21. Vor einigen Monaten sah ich in einem Fernsehfilm, wie er Eltern eines kleinen Jungen mit Trisomie 21 im Alltag begleitete. Er ermutigte die Eltern mit jedem Satz, an ihren Sohn zu glauben.
„Er ist jetzt schon viel weiter als ich damals."
Wir könnten zu dem Jungen nicht so sprechen wie er, aber wir sollten von ihm lernen. Es ist auch keine Frage, dass sich der Junge an der Gestik, am Aussehen, an der Sprache von Pablo Pineda erkennt wie das hässliche Ent-

lein am schönen Schwan. Uns stellt sich die Frage: „Wer sind die, die diese Kinder in unserer Kultur zum hässlichen Entlein machen?"

Dass es immer mehr Kindern mit Trisomie 21 vor allen Dingen mithilfe ihrer Eltern gelingt, ihr Können unter Beweis zu stellen, sollte doch Wasser auf die Mühlen der Hoffnung sein. Leider ist es nicht so. Vor diesen Vorbildern wird nicht zuletzt von so genannten Fachleuten gewarnt: „Warum wird immer wieder von Pablo Pineda berichtet, der Abitur gemacht haben soll und sogar studiert hat? Abgesehen davon, dass dieser Mann während der Schulzeit und dann auch im Weiterbildungsbereich ein ‚angepasstes Programm' erhielt – so wie das immer bei integrativem Unterricht erfolgt –, muss man doch kritisch fragen, was die Botschaft solcher Berichte sein soll."[9]

Die Botschaft ist völlig klar, und man muss vielmehr kritisch fragen, wie es kommt, dass sie nicht verstanden wird.

Sie heißt: Den Bildungseinrichtungen obliegt es, geschützte Räume zu schaffen und den Fähigkeiten der Kinder entsprechend angepasste Lernprogramme zu entwickeln, so dass sich die Kinder selbstbewusst mit ihren Problemen auseinanderzusetzen lernen und sie den Reichtum ihrer ungeahnten Entwicklungsmöglichkeiten entdecken können. Die Lernprogramme sollten selbstverständlich einen Schulabschluss vorsehen.

Die Schule sollte der Ort sein, der diese Kinder so freudig empfängt wie die spirituellen Indianer die aufgehende Sonne.

Um sie beim Lernen unterstützen zu können, ist es notwendig, ihre biologischen, psychischen und soziokulturellen Bedingungen zu analysieren.

9 Willken, E. (2009). Abitur und Studium wie Pablo Pineda?. In: Leben mit Down Syndrom Nr. 6

5. Die Entwicklung der Kinder und ihre Bedingungen

5.1 Wir analysieren die Zelltätigkeit

Wir wissen, dass im Zellkern das gesamte genetische Material eines Lebewesens enthalten ist. „Als Träger der Erbinformation bestimmen die im Kern enthaltenen Chromosomen nicht nur die embryonale Entwicklung, sondern auch die Art der Spezifizierung, die Lebensdauer und die Teilungskapazität einer jeden einzelnen Zelle. Jede Information ist in der DNA codiert. Die Abfolge der chemischen Elemente der DNA beinhaltet die gesamte Information für die Zellcharakteristika und somit des gesamten Organismus. Während der Proteinsynthese trennen sich die DNA-Stränge. Es bildet sich eine den Strängen komplementäre Ribonukleinsäurekette, die Messanger-RNA." Diese verlässt den Zellkern und verbindet sich mit der ribosomaren RNA. Das Protein wird entsprechend der Vorgabe der DNA konstruiert, aber nicht eins zu eins nachgebildet. Da die Proteinsynthese ein aktiv tätiges bio-psycho-soziokulturelles Geschehen ist, gestaltet sie sich in Abhängigkeit der psychischen Befindlichkeit und der sozialen und kulturellen Umwelt des Menschen.[10]

Für die Erforschung unterschiedlicher Schutzmechanismen in Krisensituationen ist diese Erkenntnis bahnbrechend. Welche soziokulturellen und welche psychischen Voraussetzungen sorgen für eine optimale biochemische und biophysikalische Zellaktivität bzw. welche sozialen und welche psychischen Zustände hemmen die Zellaktivität? Wir wissen, dass bei Kindern mit Autismus und Trisomie 21 die Synapsenbildung im Hippokampus unterschüssig ist. Dies hat zur Folge, dass sich das Langzeitgedächtnis im Hippokampus nur eingeschränkt konstruiert. Ohne Langzeitgedächtnis zerfällt die Person in einzelne Raum- und Zeit-Teile. Nur ein kontinuierliches Langzeitgedächtnis schafft die Grundlage für Selbst-Bewusstsein, für eigene geistige Handlungspläne in Raum und Zeit. Der Nobelpreisträger KAN-

10 vgl. die neuen Arbeiten zur Epigenetik von B. Kegel (2010), P. Spork (2009) und J. Bauer (2009)

DEL[11] hat die Abhängigkeit der Synapsenbildung im Hippokampus von der psychischen Verfassung und der sozialen Situation nachgewiesen.
Im Zustand positiver emotionaler Erregung und sozialer Geborgenheit werden explosionsartig neue Synapsen gebildet, während im Zustand von Angst und Schutzlosigkeit die Teilungsaktivität in den Zellen des Hippokampus herabgesetzt wird. Er hat auf die Bedeutung des Langzeitgedächtnisses für die Menschen hingewiesen. Wenn wir seiner Argumentation folgen, haben Kinder mit Trisomie 21 schlechteste soziale Voraussetzungen, um sich selbst in ihrer Geschichte und in ihrer Kultur selbst bewusst zu erkennen.
Nur die gemeinsam geteilte, lustvolle Tätigkeit von Kind und Erwachsenem schafft die immer neue Umstrukturierung der Neuronen, die die Erfahrungen als Proteinsynthese in das Gehirn schreiben. Die Kinder müssten, um sich entwickeln zu können, vielfältige Ausdrucksformen lernen, um sich selbst und ihre Mitmenschen immer neu zu erkennen. BAUER[12] beschreibt den Zusammenhang gedrosselter Produktion von Transmittern, herabgesetzter intrazellulärer Aktivität und depressiver Symptomatik.
Bei Kindern mit Trisomie 21 ist die Produktion des Transmitters Acetylcholin nachweisbar gehemmt. Dies wird als eine wesentliche biologische Ursache für ihre herabgesetzte motorische und geistige Beweglichkeit angesehen. Die Drosselung biochemischer und biophysikalischer Aktivitäten der Zellen sowie negative psychische Emotionen werden auch von der Drosselung sozialen Lernens ausgelöst. So gesehen können wir davon ausgehen, dass z. B. der Rückzug in pathologische Verhaltensmuster, als intrazelluläre Reaktion auf die soziale Isolation, ein höchst sinnvolles intelligentes Verhalten ist.
Unsere Aufgabe ist es, den Kindern zu ermöglichen, ihre einsame Schutzreaktion aufzugeben und ihnen sozialen Schutz zu gewähren, damit sich sowohl ihre Psyche als auch ihre Zellfunktionen regenerieren können.

5.2 Wir analysieren die Tätigkeit der Sinnesorgane

Die Sinnestätigkeit erscheint uns bei Kindern mit Trisomie 21 in der Regel eingeschränkt und verzögert. Die Menschen filtern die Wahrnehmung der

11 Kandel, E. (2009) Auf der Suche nach dem Gedächtnis: Die Entstehung einer neuen Wissenschaft des Geistes. München: Goldman Verlag

12 Bauer, J. (2010). Das Gedächtnis des Körpers. Wie Beziehungen und Lebensstile unsere Gene steuern. Frankfurt am Main: Eichborn AG

Signale des eigenen Körpers und die der Umwelt unbewusst, so dass nur diejenigen das Bewusstsein erreichen, die der menschliche Schutzmechanismus passieren lässt.

Ich habe in jungen Jahren in einem Treppenhaus die Erfahrung gemacht, dass mir eine schwarze Bulldogge das Gesicht leckte. Ich spürte diesen Reiz deutlich, aber ich sah die Bulldogge erst, als der Besitzer sie am Treppenaufgang anleinte und sich bei mir entschuldigte. Mein Freund hatte alles beobachtet und mir erklärt, was geschehen war. Ich wischte mir mit dem Taschentuch den Hundespeichel aus dem Gesicht. Da ich während der Kriegsjahre eine Hundephobie entwickelt hatte, hat meine Angst die visuelle Wahrnehmung des Hundes nicht zugelassen.

Wenn Reinhold Messner mutterseelenallein in der Eiswüste einen Gipfel erklimmt, konstruiert seine Psyche für ihn einen Freund, der ihn begleitet.

Donna Williams, eine autistische Schriftstellerin, beschreibt in ihren Büchern die unterschiedlichen, visuellen, haptischen und auditiven Schutzmechanismen, die es ihr ermöglichten, die bedrohliche Welt auszusperren.

Die Psychophysik erforscht die Wahrnehmungstäuschungen, zu denen wir fähig sind. Auf einer Fortbildung zeigte uns der Referent einen Film über ein Handballspiel. Wir hatten die Aufgabe, die Tore der Mannschaft in den weißen Trikots zu zählen. Als ich aufhörte zu zählen, sah ich, wie ein als Gorilla verkleideter Mensch seelenruhig über das Spielfeld spazierte. Als wir gefragt wurden, ob uns irgendetwas aufgefallen wäre, erinnerten die Teilnehmer sich nur an den Spielverlauf. Niemand hatte den Gorilla gesehen. Als der Referent den Film noch einmal zeigte, waren viele Teilnehmer fassungslos, dass sie dieses Ungetüm überhaupt nicht wahrgenommen hatten.

Ein Kind, das in der Wildnis aufgewachsen ist, erschrickt, wenn es das leise Rascheln von Blättern wahrnimmt, es reagiert auf einen Schuss, der in der Nähe seines Ohres abgegeben wird, nicht.

Wahrnehmung ist ein bio-psycho-soziokulturelles Geschehen, das die Bewusstseinsinhalte je nach biologischer Struktur, psychischer Befindlichkeit und soziokultureller Gegebenheit konstruiert. Das gilt für alle Sinnesorgane.

5.2.1 Die Augen

Der argentinische Arzt MORALES[13] hat beobachtet, dass Kindern mit Trisomie 21 die horizontale Blickrichtung auf Grund der hypotonen Augenmuskulatur erschwert ist. Wenn sie nun in der Schule aufgefordert werden, in Richtung Tafel zu schauen, knicken sie den Kopf nach hinten ab. Das führt dazu, dass das Gehirn nicht mehr ausreichend mit Sauerstoff versorgt wird und somit schnell ermüdet.

Einerseits wäre es möglich, das Leiden der Kinder mit einer adäquaten Brille oder einem ergonomischen Stuhl zu beheben, andererseits wäre es möglich, ihnen – wie der Volksmund sagt – „den Rücken" so zu stärken, dass ihre selbst bewusste Psyche ihnen das aufrechte Sitzen und den horizontalen Blick ermöglicht. Ebenso ist es notwendig, dass wir die Kommunikation mit den Kindern so führen, dass wir ihnen immer auf Augenhöhe begegnen und immer versuchen, den Blickkontakt herzustellen und zu halten.

Das beeinträchtigte Wahrnehmen mit den Augen ist keine biologische Tatsache, sondern ein bio-psycho-soziokulturelles Geschehen.

5.2.2 Die Hände

Kinder mit Trisomie 21 nehmen die Gegenstände nicht in die Hand, sondern zwischen Daumen und Zeigefinger. Die Gegenstände werden daher nur sehr eingeschränkt im sensitiven Kortex abgebildet.

Morales erklärt dies damit, dass die Kinder auf Grund der hypotonen Hände die drei anderen Finger benötigen, um die Gegenstände, wie z. B. die Tasse, im Gleichgewicht zu halten.

Ebenso ist der Umgang mit Gegenständen psychologisch zu verstehen. Gegenstände, die uns fremd sind oder vor denen wir Ekel verspüren, nehmen wir zwischen „spitze Finger." Auch der Mangel an bewussten gemeinsam geteilten Erfahrungen mit verschiedenem Material und Werkzeug führt zu einem zögerlichen Umgang mit Gegenständen unterschiedlicher Beschaffenheit. Das Unterbewusstsein entscheidet, welcher Reiz zuträglich ist und welcher nicht zur Erfahrung gebracht wird. Um die Hypotonie der Hände

13 Morales, F. Vortrag über „Die Sinnestätigkeit der Kinder mit Down Syndrom" auf dem Down Syndrom Kongress 2008 Hamburg

zu kompensieren, veranlassen wir die Kinder, Aufgaben zu bewältigen, für die sie fünf Finger benötigen, um z. B. lustvoll gemeinsam geteilt Glaskugeln aus Sand, aus Bohnen, aus Reis zu fischen, im Sand zu buddeln und zu matschen, Ton und Plastilin zu formen, Seile zu ziehen, Ketten auseinanderzureißen, mit Megablocks zu bauen usw. Wir haben beobachtet, dass, je differenzierter die taktilen, haptischen Erfahrungen der Finger sind, je stabiler und sicherer die Handgriffe werden, desto leichter es den Kindern fällt, fremde Reize wie z. B. Klebe, Fingerfarben, Gips neugierig zuzulassen. Das beeinträchtigte Wahrnehmen mit den Händen ist keine biologische Tatsache, sondern ein bio-psycho-soziokulturelles Geschehen.

5.2.3 Die Ohren

Als ich in Sagorsk die Schule für taubblinde Kinder besuchte, fragte ich die Lehrerin, weswegen die Kinder rhythmisch nach einer Trommel mit den Füßen auf den Boden stampfen. Ich erfuhr von ihr, dass auf diese Weise die Hörreste stimuliert werden.
Alle Sinnesorgane sind miteinander verbunden und bringen sich wechselseitig hervor. Das Hören kann sowohl gelernt als auch verlernt werden. Adäquate Hörgeräte sind für die Entwicklung des Gehörs notwendig, wenn der Arzt eine biologisch begründete Hörschwäche feststellt. Da die funktionellen Systeme Gehör und Gleichgewichtssinn zusammenhängen, bedingen sie sich wechselseitig.
Als Pädagogen können wir einerseits eine soziale Bedingung für die Herausbildung dieser beiden Systeme schaffen, wenn wir mit den Kindern lustvoll gemeinsam agieren. Die Kinder lernen, von uns gestützt und gehalten, ihr Gewicht von einem Bein auf das andere zu verlagern. Wir tanzen z. B. mit ihnen: „Ich bin ein kleiner Tanzbär" oder „Zeigt her eure Füße, zeigt her eure Schuh." Die Kinder haben Freude daran. Das wirkt positiv auf ihre psychische Verfassung. Andererseits kann der Gehörsinn durch eine Angst auslösende Umwelt geschädigt werden. Der Volksmund sagt sehr richtig: „Der stellt sich taub." Worte können verletzen, Stimmen können ängstigen, Unverständnis kann isolieren. Das Unterbewusstsein entscheidet, was einem Menschen zu Ohren kommt und was nicht.
Bevor ein Kind uns hören kann, müssen wir uns Mühe geben, so zu ihm

zu sprechen, dass unsere Worte uneingeschränkt bis zum Bewusstsein des Kindes vordringen können.
Je nach den psychischen Voraussetzungen der Kinder müssen wir langsam sprechen, müssen wir deutlich sprechen, müssen wir nach jedem Wort oder nach jedem Satz eine Pause machen. Wir müssen entsprechend der Entwicklung zuerst unsere Handlungen, dann das Anschauen von Bilderbüchern lautsprachlich begleiten. Wir müssen mit Mimik und Gestik sprechen, bevor wir dem Kind zumuten, das reine Geprassel von Wörtern in seinem Kopf zu einem Gedankengebilde umzuformen.
Ein Kind lernt uns nur zuzuhören, wenn wir ihm zuhören, wenn wir ihm „unser Gehör schenken."

Das Wort entsteht immer nur im Kopf eines anderen. Erst wenn eine Lebensäußerung von einem anderen Menschen verstanden wird, kommt diese Äußerung als Wort zurück. Daher ist es notwendig, dass ein Kind so früh wie möglich erfährt, dass alle Signale, die von ihm ausgehen, gedeutet und ernst genommen werden.
Wenn es weint, trösten wir es, wenn es lacht, freuen wir uns, wenn es babbelt, babbeln wir auch und formen aus „babababa" z. B. Ball oder Papa usw. Hören ist Kommunikation, jemanden hören und verstehen können, heißt: „Ich bin nicht einsam". Wenn diese Kinder die Erfahrung machen, dass wir sie nicht verstehen und dass sie uns nicht verstehen, reagieren sie mit Sprachlosigkeit.
Das beeinträchtigte Wahrnehmen mit den Ohren ist keine biologische Tatsache, sondern ein bio-psycho-soziokulturelles Geschehen.

5.2.4 Die Zunge

Als meine kleine Schwester zum ersten Mal im Leben in einem Cafe saß und der Ober ihr den Kuchen auf einem Teller servierte, sagte sie: „Ich ess' nur, was Oma backt." Sie weinte, als meine Mutter ihr zuredete, doch einmal das Stück zu probieren. Sie tat es nicht. Sie hatte Angst vor dem schwarz gekleideten Mann, der viel zu großen Stube mit so vielen Tischen und so vielen fremden Leuten. Kuchenessen, das bedeutete für sie die gemeinsam geteilte Erfahrung mit Oma, Opa, Mutter und Schwestern in der kleinen Stube.

Als mir einmal eine Bäuerin ein Stück von „einer gelben Torte" abschnitt, lief mir das Wasser im Mund zusammen. Ich schmeckte sie, bevor ich sie probiert hatte. Doch dann spuckte ich, als hätte ich in Seife gebissen. Mir wurde kalt und schlecht. Tränen liefen über mein Gesicht. Sie nannte es Käse. Ich wusste nicht, was Käse ist.
Ich war schon über zwanzig, als ich zum ersten Mal auf dem Geburtstag meiner Freundin ein Stückchen vom Camembert versuchte, auf Weißbrot mit Butter.

Essen ist gemeinsam geteilte Lust. Die Kinder wollen essen, was Mama und Papa schmeckt. Sie wollen wissen, was sie essen. „MMMMM, das schmeckt fein, MMMMMM Banane, MMMMM so süß, so süüüüüüüß, MMMMMM Salzgurke so salzig, MMMMMM Zitrone so sauer."
Mein Opa war Fischer. Ich liebte Fisch: Süßsauer, salzig, gebacken und gekocht, gebraten und geräuchert. Doch wenn es Aal bei meiner Freundin gab, war ich satt. Wenn mein Opa „Aal" sagte, schüttelte er sich, und ich schüttelte mich auch, selbst wenn ich nur daran dachte.
Es kommen Kinder mit Trisomie 21 in unsere Praxis, die sich alles in den Mund stecken. Andere Kinder essen nur pürierte Nahrung. Barbara war schon zwanzig. Sie ernährte sich von Joghurt.
Es ist mühsam, aber es ist möglich, gemeinsam geteilt, lustvoll das Verlangen nach unterschiedlichen Nahrungsmitteln zu entwickeln.
Das beeinträchtigte Wahrnehmen mit der Zunge ist keine biologische Tatsache, sondern ein bio-psycho-soziokulturelles Geschehen.
Als Isabel als Vorschulkind in unsere Praxis kam, war sie in Bezug auf die Herausbildung ihrer Sinne auf der Entwicklungsstufe eines Säuglings, bei dem die differenzierte Erkenntnistätigkeit des Mundes noch nicht entwickelt war.
Es war uns unmöglich, sie daran zu hindern, sich wahllos den Mund vollzustopfen – mit Sand, mit Geld, mit Murmeln, mit Papier, mit Knete.
Wir lebten ständig in der Angst, dass sie ersticken könnte. Wir versuchten, sie darin zu unterstützen, die Geschmacksnerven zu entwickeln. Anstelle von Sand füllten wir z. B. Zucker, Mehl, Kakao, ein Gemisch von allem in das Sandbrett (ein 50 x 50 cm großes Holzbrett, das für die Sandplay Therapie benutzt wird).
Wider Erwarten entschied sie sich für den Sand.

Wir versuchten dann mithilfe anderer Sinne, den Geschmackssinn „süß“ zu entwickeln. Sie hat z. B. die Süßigkeiten getastet, gerochen, betrachtet. Wir haben die Süßigkeiten auch eingeweicht und zerbröselt. Anschließend haben wir sie zerkaut, gelutscht und geleckt. Auf diese Weise entdeckte Isabel das „Süße“.
Von nun an lehnte sie Holzkugeln, Glasmurmeln, Sand usw. ab und entschied sich immer für die Schale mit den unterschiedlichen Süßigkeiten. Während vorher das funktionelle System Geschmack bei ihr kaum ausgebildet war, entwickelte sie es mit uns über das gemeinsam geteilte Essen. Am Ende dieser Lerneinheit war es für sie ein Lustgewinn, unterschiedliche Lebensmittel zu schmecken. Sie war nun in der Lage, mit geschlossenen Augen z. B. Bananen, Gurken, Äpfel, Salzstangen, Zitronen zu unterscheiden.

5.2.5 Die Nase

Da ein Kind, das nicht differenziert riechen kann, völlig unauffällig bleibt, waren wir bisher nicht mit dem Problem konfrontiert. Wir haben bisher keine Erfahrungen gemacht, wie wir den Geruchssinn entwickeln.
Das beeinträchtigte Wahrnehmen mit der Nase ist keine biologische Tatsache, sondern ein bio-psycho-soziokulturelles Geschehen.

Die Kinder mit Trisomie 21 haben nicht nur, im Vergleich mit anderen, unterschiedliche Entwicklungsvoraussetzungen, was die Bildung der Sinnesorgane anbetrifft, sondern auch in Bezug auf das Zusammenwirken beider Gehirnhälften.

6. Es gibt keine gemeinsam geteilten Bedeutungen ohne gemeinsam geteilten Sinn

6.1 Das Zusammenwirken beider Hemisphären

„Ein funktionelles System, d. h. ein Begriff, wird nur aufgebaut, wenn Erfahrungen bezeichnet werden. Unter dieser Bedingung arbeiten beide Hemisphären zusammen. Die rechte Hemisphäre speichert u. a. die Körpererfahrungen, die der Lernende z. B. mit dem Wassertropfen macht, wie er ihn sieht, hört, schmeckt und fühlt. In der linken Hemisphäre wird die sprachliche Bezeichnung D D D gespeichert. Durch das Zusammenarbeiten beider Hemisphären im Augenblick des versprachlichten Erlebens: ‚Hörst du den Wassertropfen D-D-D? Fühlst du ihn D-D-D, siehst du ihn D-D-D?' wird dem Erleben die lautsprachliche Bezeichnung zugeordnet und der Bezeichnung das Erleben. Auf diese Weise wird ein Begriff gebildet und ein stabiles funktionelles System entsteht.

Aufbau eines funktionellen Systems:

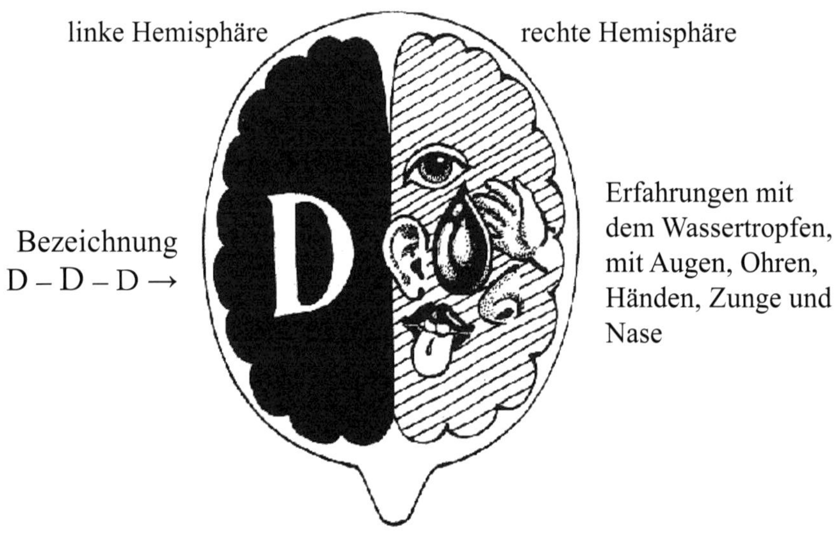

Wenn der Laut D hingegen durch Bekräftigung beim Lernenden aufgebaut wird, kann er ihn wieder vergessen wie eine auswendig gelernte Telefonnummer, die bei Nichtbekräftigung wieder gelöscht wird. Sie verschwindet, da sie weder in den Erfahrungen seines Körpers waren, noch in den Erfahrungen seines Denkens Bedeutung hatte, wieder ins Nichts."[14]

6.2 Was bedeutet das für den Unterricht?

Alle Erwachsenen mit Trisomie 21, die einen Hochschulabschluss im Ausland erwerben konnten, verbindet die Tatsache, dass sie während der sensitiven Phase der Sprachentwicklung die Schriftsprache erlernen durften. Das ist eine notwendige, aber keine hinreichende Voraussetzung, um in der Schule erfolgreich zu sein.

Damit sich möglichst alle Kinder im Unterricht entwickeln und Bildung erfahren, ist es notwendig, dass wir uns darüber Gedanken machen, worin sich Kinder mit Trisomie 21 von den anderen Jungen und Mädchen ihrer Klasse wesentlich unterscheiden.

Die Kinder mit Trisomie 21 sind darauf angewiesen, dass alle Entdeckungen und Erkenntnisse jeder Unterrichtsstunde in der Einheit von sinnvoller Handlung, Symbol und Zeichen angeboten werden.

Es gibt für sie keine gemeinsam geteilten Bedeutungen ohne gemeinsam geteilten Sinn.

Kinder mit Trisomie 21 sind begabte Kinder in einem sinnvollen Unterricht. Sie sind nicht, wie der Volksmund sagt, „kopflastig." Bei ihnen sind z. B. bei einer sprachlichen Vermittlung beide Hemisphären innerviert. Die rechte Hemisphäre, die Erfahrungen bildhaft symbolisiert, kontrolliert die linke Hemisphäre, die gefühlte Erfahrungen sprachlich zum Ausdruck bringt. Worte, die sie nicht als innere nachempfundene Erfahrungen rechtshemisphärisch rekonstruieren können, sagen ihnen nichts.

Wir beobachten, dass den Kindern das Zuordnen der Buchstaben zu den Lauten leicht fällt. Wenn sie aber die Buchstaben als Anlaute Abbildungen zuordnen sollen, sind sie verunsichert. Sie erkennen das A ohne Probleme. Doch wenn ich sage „A wie Affe" oder „B wie Ball" sind sie verstört.

14 Mann, I. (1990). Lernen können ja alle Leute. Weinheim Basel: Beltz Verlag

Bei der Betrachtung des Affen ist es für sie nicht einzusehen, „A" zu sagen, sondern sie sind mit ihren Gedanken im Zoo.
Bei ihnen bilden die rechte Hemisphäre und die linke Hemisphäre noch eine Einheit. Andere Kindern haben die Lateralität in der Regel mit vier Jahren vollzogen.
Da sie in der Lage sind, nur die linke Hemisphäre zu bedienen, schrumpft für sie der Affe zum bloßen Anlaut zusammen. Diesen Kindern, um die es uns in diesem Buch geht, erscheint der Satz: „A wie Affe" nicht sinnvoll, nicht einsehbar, zutiefst unverständlich. Der Affe als Anlaut ist ein fragwürdiges Geschehen. Sie erzählen, wann sie z. B. einen Affen mit einer Banane gefüttert haben.
Wenn ich auf das geschriebene Wort AFFE zeige und sage: „ Das Wort AFFE beginnt mit dem Buchstaben A", haben sie keine Mühe, von sich aus zu sagen: „Das Wort BALL beginnt mit dem B." Ohne Mühe kreisen sie dann auf einem Arbeitsblatt die Anlaute ein. Kurz gesagt, das Wort Affe beginnt mit dem Buchstaben A. Womit der Affe beginnt, weiß vielleicht der Tierpfleger von Hagenbeck.
Diese Kinder erwarten von uns Eindeutigkeit.
Als Marvin, 7 Jahre alt, die Aufgabe: „Drei Kartoffeln plus drei Kartoffeln" rechnen sollte, sagte er: „Die Kartoffeln kommen erst einmal in den Topf. Sie müssen doch gekocht werden." Bereits das Zusammenklauben der einzelnen Kartoffeln auf einen Haufen war für ihn nur in dem Zusammenhang sinnvoll, wenn sie gekocht werden. Seine Mutter häuft die Kartoffeln nur zu diesem Zweck auf, und so wiederholt er im Kopf diese zutiefst sinnvolle Handlung.

Kindern, die die Trennung der beiden Gehirnhälften weitgehend entwickelt haben, fällt es leichter, sich vom Sinn ihrer Tätigkeiten zu trennen. Sie sind früher als diese Kinder in der Lage, mit den Erwachsenen sinnlose Bedeutungen zu teilen.
Die sechsjährige Lara hört ihrem dreijährigen Bruder zu, der sich fröhlich plappernd im sprachlichen Ausdruck übt. Er erzählt ohne Punkt und Komma, was er im Kindergarten erlebt hat.
Lara unterbricht ihn: „Justus, du kannst gut reden, aber du erzählst auch viel Unsinn."
Für den Vater, der diese Erfahrung mit seinen Kindern macht, steht fest, dass seine Tochter mit Trisomie 21 nicht weniger intelligent ist als sein Sohn,

der alle Voraussetzungen mitbringt, sich in dieser Kultur zu einem geistigen Überflieger zu entwickeln.

Nele hat „Peter und der Wolf" von Prokofjeff im Theater nicht, wie wir sagen, „gesehen" oder „gehört", sondern erlebt.

Es soll wissenschaftlich erwiesen sein, dass Kinder mit Trisomie 21 Emotionen langsamer abbauen als andere Kinder.[15] Vielleicht ist es aber auch so, dass sie im Unterschied zu anderen Kindern in der Lage sind, Erfahrungen tiefer zu empfinden.

Nele erzählt die Geschichte von Peter und der Wolf nicht emotionslos nach. Sie erlebt sie nach:

„Bescheuert. Die ist so was von bescheuert. Nein. Doch so dumm. Nein. Konnte sie weglaufen. Sie konnte weglaufen. Läuft nicht weg. Der Fuchs. Böse. Fuchs, oh, nein. Die Ente natürlich frisst. Mensch. Frisst doch. Kannst du nichts machen. So dumm ist die…" Nele leidet mit der Ente. Immer wieder betont sie, dass die Ente noch leben könnte, wenn sie aufgepasst hätte.

Diese Kinder erfahren die Sprache, wie diese beiden Beispiele zeigen, in der Einheit von Gefühl, Anschauung, inneren Bildern und Bezeichnung.

Wörter, die nicht ihr Gefühl ansprechen, die bei ihnen kein inneres Bild hervorrufen, erreichen das Frontalhirn nicht.

Die Computertomographie zeigt, dass nur während einer gemeinsam geteilten sinnvollen Kommunikation die Nervenzellen des Frontalhirns energetisch versorgt werden. Nur unter dieser Bedingung findet die Proteinsynthese statt, bilden sich neue Synapsen, entstehen neue funktionelle Systeme wie z. B. die Fähigkeit, eine Sprache zu lernen.

Um etwas über das Sprachverhalten der Kinder mit Trisomie 21 auszusagen, muss nicht der Wortschatz der Kinder ausgezählt werden, sondern es ist unbedingt notwendig, die Sprachsituation zu analysieren.

Wenn wir den Kindern z. B. ein Märchen vorlesen, ohne uns zu vergewissern, dass sie jeden Satz in einen inneren Film übertragen können, verstehen sie kein Wort und schlafen schnell ein, so wie manche Studenten in unvorstellbaren Vorlesungen. Wenn die Kinder aber Begriffe mit Gestik, Mimik und Symbolik zu inneren Bildern umgestalten, dann merken sie sich selbst schwierige Satzkonstruktionen.

15 vgl. Zimpel, A. F. (2010). Zur Neuropsychologie des abstrakten Denkens unter den Bedingungen einer Trisomie 21. In: Leben mit Down Syndrom Nr. 63/Januar

Ich betrachte mit Nils, der gerade vier Jahre alt geworden ist, ein Bild, das einen Verkehrsunfall darstellt. Ich zeige auf den Verkehrsunfall. Ich schlage beide Fäuste gegeneinander und sage nur einmal: „ Peng, das Auto hat dieses Auto gerammt." In der nächsten Stunde will er sich das Bild noch einmal mit mir anschauen. Er zeigt auf den Verkehrsunfall, schlägt die Fäuste gegeneinander und lacht: „Die Autos haben sich gerammt peng."
Nach der Stunde sage ich zur Mutter, dass Nils täglich Unterricht braucht und nicht nur 45 Minuten in der Woche. Nils hat nun drei Mal in der Woche zu Hause Unterricht.

Carl geht in die vierte Klasse als Integrationskind. Die Mutter berichtete mir, dass Carl, sobald sie mit ihm lesen wolle, beginnen würde herumzukaspern. Ich ließ ihn einen Text lesen, den er zu Hause üben sollte.
Er reagierte ängstlich mit Stereotypien. Er schaukelte seinen Oberkörper und lallte. Er hatte zwar gelernt, Buchstaben zusammenzuziehen, aber er hatte den Sinn der Schrift nicht entdeckt. Er las z. B. den Satz: „Mogli und Baghira haben sich zum Schlafen auf einem Baum niedergelassen."
Er quält sich von Buchstabe zu Buchstabe, von Silbe zu Silbe und von Wort zu Wort. Das ist Schwerstarbeit ohne Sinn. Er kann sich von dem Satz kein inneres Bild machen. Er schaut auf den Tisch und schaukelt.
Ich betrachte mit ihm das Bilderbuch: „Es ist Nacht. Der Himmel ist dunkel. Der Mond scheint. Und hier auf diesem Baum schläft Mogli. Und hier schläft Baghira. Mogli schläft nicht im Bett. Mogli hat keine Mama und keinen Papa..."
Carl zeigt nun auf Shirkan:
„Er ist böse. Er will Mogli fressen. Böse ganz böse. Hier ist Kaa, die will Mogli fressen. Mogli hat Angst. Mogli hat keine Mama und kein Bett."
Er blättert weiter und erzählt mir, was er alles auf den Bilderseiten sieht. Er schaut mich mit strahlenden Augen an. Sein Frontalhirn arbeitet. Die Abbildungen werden in seinem Kopf zu inneren bewegten Bildern, die sein Empfinden erreichen. Er ist in der Lage, die Geschichte sprachlich wiederzugeben. Innerhalb von Minuten ist er ein bewusster Junge, der die Geschichte von Mogli in seinem Kopf konstruiert.
Seine Lehrerinnen und Lehrer, die Diplomheilpädagogin, der Schulpsychologe und seine Mutter haben sich in der Schule am so genannten runden Tisch zusammengesetzt. Es geht um Carl. Er stößt im Unterricht Tierlaute

aus. Er stört. Dieses unerwünschte Verhalten muss ihm abgewöhnt werden. Es werden verschiedene Sanktionen vorgeschlagen und protokollarisch festgehalten. Niemandem gelingt es, Carls Verhalten als für ihn sinnvoll zu deuten. Carl möchte sich äußern. Doch die Kommunikation zwischen ihm, den Lehrern und Mitschülern gelingt nicht.
Bevor der Lehrer der Klasse einen Text vorliest, muss er für Carl eine *Orientierungsgrundlage* in Form von Abbildungen schaffen: „Dies ist Rotkäppchen, dies ist die Großmutter, dies ist der böse Wolf und dies ist der Jäger. Nun soll Rotkäppchen die Großmutter besuchen. Es geht durch den Wald und nun passt gut auf, was passiert. Pass auf den Wolf auf. Pass auf den Wolf auf."
Dann stellt sich der Lehrer beim Vorlesen zu Carl und zeigt auf die Abbildungen.
Dass Carl in seiner Verzweiflung als einzige Ausdrucksmöglichkeit Tierlaute nachahmt, mag auch damit zu tun haben, dass er sich inzwischen mit Mogli identifiziert. Auf jeden Fall ist die Schulklasse für Carl genauso bedrohlich geworden wie für Mogli der Dschungel mit giftigen Schlangen und hinterhältigen Raubkatzen. Anstatt seine Dschungellaute zu verbieten, sollten die Lehrer versuchen, diese zu kultivieren. Die Lehrer ordnen z. B. den Lauten verschiedene Tiere zu und geben Carl ein Arbeitsblatt mit der Aufgabe, alle Tierlaute zu lesen und selbst zu schreiben. Daraus werden dann Sätze konstruiert wie z. B. der Panther faucht: „CHchch". Die Schlange zischelt: „SSSßßßßß." Dann darf er den Kindern der Klasse sein Arbeitsergebnis vorlesen und alle klatschen.
Wenn es dem runden Tisch gelingt, ihm seine einzige Ausdrucksmöglichkeit zu nehmen, ist es nur eine Frage der Zeit, dass seine zurzeit harmlose Symptomatik latent und autoaggressiv wird. Kinder handeln zweckmäßig.
Es ist für die Arbeit eines Lehrers wesentlich, sich als Anwalt des Kindes zu verstehen, den Kindern zu ermöglichen, ihrem symptomatischen Verhalten eine kultivierte Ausdrucksmöglichkeit zu verleihen, es nicht zu unterdrücken oder gar zu bestrafen.
Es kommt nicht darauf an, dass wir lernen uns anzupassen – sondern dass wir lernen uns zu begegnen. Die Differenz ist unsere einzige Chance, über uns hinauszuwachsen.

Es kann doch nicht sein, dass nur noch Psychotherapeuten Zeit und Raum für Begegnung und Ausdrucksmöglichkeiten gewähren.

7. Entwicklung ist gemeinsam geteilt – Behinderung ist einsam schutzlos

Für die Pädagogen ist es m. E. unabdingbar, dass sie sich auf ein entwicklungspsychologisches Konzept beziehen können, anhand dessen sie sich die Lernfortschritte der Kinder bewusst machen, um nicht jede missglückte Lernstunde als Versagen zu begreifen und nicht jede geglückte als pädagogische Genialität.
Die psychische Entwicklung verläuft nach unseren Erfahrungen im Sinne einer Metamorphose von einer psychologischen Altersstufe auf die nächst höhere. Ein lebendiges System steht nicht still.
Ein geschütztes Kind entwickelt sich in der gemeinsam geteilten Tätigkeit mit anderen Menschen. Es lernt Empfinden, Wahrnehmen, Symbolisieren, Sprechen und Denken mit ihnen zu teilen. Ein schutzloses Kind entwickelt für sich selbst sinnvolle, einsame Überlebensstrategien. Diese Kinder haben zunehmend keine Anschlussmöglichkeit an ihr soziales Umfeld, wenn sie nicht Menschen begegnen, die sie in ihrer Einsamkeit aufsuchen und behutsam in ihr kulturelles Umfeld locken.
Es ist notwendig sich über das Werden als Wachsen und Zurückbleiben der Kinder mit Trisomie 21 bewusster zu werden.

7.1 Die Entwicklung oder das Zurückbleiben des Säuglings

In meiner ersten Lehrerprüfungsarbeit schrieb ich ein Kapitel zu den Untersuchungen von RENÉ SPITZ[16]. Er hatte die Entwicklung von Heimkindern beobachtet und dokumentiert. Das Schicksal der Kinder machte mich fassungslos, denn auf den Fotos konnte ich sehen, wie sie auf die soziale Isolation reagierten. Obwohl sie in einem sauberen Bettchen lagen und genügend Nahrung bekamen, gaben sie ihren Lebenswillen auf.

16 Spitz, R. A. (1992). Die Entstehung der ersten Objektbeziehungen (5 Aufl.). Stuttgart: Klett-Cotta Verlag

RENÉ SPITZ konnte beweisen, dass die Kinder an einem Mangel gemeinsam geteilter Zärtlichkeit und Ansprache starben. Von Anfang an ist ein Kind ein soziales Wesen. Seine Schutzmechanismen sind auf eine soziale Umwelt eingestellt.

Das wesentliche Erkenntnisorgan des Säuglings ist die Haut.
Die wesentliche Erkenntnistätigkeit ist das gemeinsam geteilte Suchen nach Körperkontakt.

Er lernt greifen, küssen, schmusen, schaukeln mit geliebten und liebenden Personen.

Der *geschützte* Säugling lernt mithilfe der Erwachsenen, sich für die Dinge seiner Umwelt zu interessieren. Dabei entwickelt er seine Sinnesorgane. Er nimmt die Gegenstände in den Mund, lernt sie zu schmecken, hält sie an die Ohren und lernt, sie zu hören, hält sie an die Nase und lernt, sie zu riechen, befühlt sie und lernt, sie zu ertasten. Er bewegt die Gegenstände, die Rassel, das Fläschchen, das Püppchen vor seinen Augen hin und her. Die Händchen steuern die Augenbewegungen. Wenn er die Augenbewegung mithilfe der Hände aufgebaut hat, kann er auch Objekte erfassen, die er nicht in den Händen hält. Er beginnt nun alle Gegenstände aus dem Bettchen zu werfen, um sie mit seinen Augen aufzufangen, so wie er einen Ball mit seinen Händen erfasst.
Nach und nach lernt er auch Wörter zu verstehen. Durch die Bezeichnung werden die sinnlich erlebten Gegenstände zur Erfahrung. Unter diesen Bedingungen beginnt der Säugling, höhere psychische Funktionen, wie z. B. Wahrnehmen, Sprechen und Denken, zu entwickeln.
Damit sich der Säugling zum Kleinkind entwickeln kann, ist es notwendig, dass er im zärtlichen, freudvollen Austausch mit Mutter oder Vater Zuneigung und Geborgenheit erfährt. Nur dann können sich seine Sinnesorgane herausbilden. Nur dann wird es ihm ermöglicht, die Objekte seiner Umwelt wahrzunehmen und mit ihnen zunehmend zielgerichtet zu handeln.
Für diese Kinder ist es wichtig, dass ihr Köpfchen von den Eltern mit beiden Händen so gehalten wird, dass sie ihre Eltern im Blick haben, um ihre Mimik zu beobachten und um sie nachzuahmen. Die Säuglinge sollten beide Händchen frei haben, um zu tasten, zu greifen und zu spüren.

Lustvoller gemeinsam geteilter Austausch von Zärtlichkeit ist die Basis für die Entwicklung zum Kleinkind.

Der *einsame* Säugling muss alle Lebensenergie, die ihm zur Verfügung steht, einsetzen, um zu überleben.
Er hat Wichtigeres zu tun, als zu krabbeln, mit Gegenständen zu handeln und zu plappern.
Wir wissen nicht, was in ihm vorgeht, wir können nur anerkennen, dass er seine Zellaktivität herabsetzt, damit er in der sozialen Eiswüste nicht erfriert.
Wenn die gemeinsam geteilte wechselseitige Körpererfahrung nicht von Lust getragen ist, dann zieht der Säugling, um sich zu schützen, seine Antennen ein.
Er ist von Anbeginn seines Lebens in einer ausweglosen Krise. Er kann sich nicht ohne und er kann sich nicht mit der für ihn bedrohlichen Umwelt entwickeln. Seine Entwicklungsverzögerung ist seine konsequente Reaktion. Dieses für das Überleben des Säuglings notwendige Verhalten treibt ihn in die nächste Krise; denn je entwicklungsverzögerter er zu sein scheint, umso weniger ist er ein Grund zur Freude für seine Umwelt.
Er kann den Entwicklungssprung zum Kleinkind nicht machen.
Ihm fehlen die bio-psycho-soziokulturellen Voraussetzungen, sich als Subjekt in der gemeinsam geteilten Tätigkeit mit einem anderen Subjekt die Welt objektiv zu machen.

7.2 Die Entwicklung oder das Zurückbleiben des Kleinkindes

Hilde hat einen liebevollen Vater. Wenn er ihr Jäckchen auszieht, schaut er sie an, streicht ihr übers Köpfchen, nimmt sie zum Abschied noch einmal auf den Arm, nimmt ein Patschhändchen und macht „winke, winke." Er strahlt sie an und verabschiedet sich mit einem Küsschen. Hildes Augen leuchten. Hilde plapperte ohne Punkt und Komma, als sie zu uns in die Praxis kam. Ich hörte fast alle Laute unseres Alphabets heraus. Manchmal hörte ich Silben, manchmal bildete ich mir ein, ein Wort zu verstehen, und manchmal schien es so, als würde sie versuchen, ganze Sätze zu sprechen.

Hilde hat strahlend blaue Augen, blonde Löckchen und ein zauberhaftes Lachen. Sie ergriff von selbst die Initiative, sich kleine Ringe, Klötze, Bälle zu nehmen, um damit zu manipulieren. Sie nahm alle Gegenstände in den Mund und schaute mich danach aufmerksam an. Bei allen Unternehmungen hatte sie mich fest im Blick und lächelte zurück, wenn ich klatschte: „Fein gemacht." Dann klatschte sie auch.
Als Hilde ein Jahr wurde, sagte der Vater, dass sie nun dreimal in der Woche sechs Stunden in der Krippe sein würde.
Nachdem sie einen Monat in der Krippe war, fiel mir auf, dass sie für einige Augenblicke völlig abwesend zu sein schien. Sie wirkte selbstvergessen, wenn sie eine Puppe oder eine Rassel in der Hand hielt. Sie schaute auf den Boden. Sie schaute nicht mehr zu mir.
Von den Erziehern erfuhr ich, dass Hilde sich die meiste Zeit in der Krippe allein beschäftigte.
Während die Mütter bei den Urvölkern die einjährigen Kinder den ganzen Tag auf ihrem Rücken tragen, sitzt dieses kleine Mädchen sechs Stunden an drei Tagen in der Woche in einer fremden Welt.
Ich war drei Jahre alt, als ich auf der Flucht meine Familie für einen Augenblick aus den Augen verloren hatte. Dieser Augenblick war schlimmer als die Todesangst, die ich kannte.
Hilde hatte aufgehört zu plappern. Als die Familie aus dem Urlaub zurückkam, bewegte sich Hilde nicht mehr. Sie mochte nicht mehr essen. Im Krankenhaus diagnostizierten die Ärzte Zöliakie und Schilddrüsenunterfunktion. Nach dem Krankenhausaufenthalt durfte sie für ein paar Wochen zu Hause bleiben. Nun war sie wieder ein glückliches Kind. Sie saß auf ihrem Stühlchen und baute, knetete und kritzelte über eine Stunde mit lachenden Augen.
Der Vater hat die Arbeit wieder aufgenommen, und die Mutter geht auch weiterhin zur Arbeit. Dennoch erfährt Hilde nun jeden Tag eine Stunde Unterricht mit einer Bezugsperson. Sie ist wie ausgewechselt. Sie nimmt von allein Blickkontakt auf. Sie spricht fast alle Wörter mithilfe von Handgebärden nach. Sie hat wieder strahlende Augen.

Das wesentliche Erkenntnisorgan des Kleinkindes sind die 5 Sinne.
Seine wesentliche Erkenntnistätigkeit ist die Aneignung der Kulturgegenstände.

Dies sind z. B: Löffel, Teller, Tasse, Kamm, Schwamm, Hose, Hemd, Schuhe usw.

Das *geschützte* Kleinkind lernt zu sprechen.
Während es lernt mit dem Löffel zu essen, begleitet die Mutter jeden Schritt sprachlich:
„MMM Brei, Löffel, Löffel, Händchen, MMM Mund, MMMM Zunge, MMMM fein, fein alle, alle."
In der gemeinsam geteilten Tätigkeit und Kommunikation mit den Erwachsenen werden ihnen die Gegenstände bewusst.
In der Einheit aller fünf Sinne und der sprachlichen Begleitung der Tätigkeit wird aus dem Erleben Erfahrung.
Das Kleinkind lernt sich auf Menschen zu verlassen, die ihm helfen, seine Probleme zu lösen. Es erkundet Schritt für Schritt neugierig seine Umwelt.
Damit sich ein Kleinkind zum Vorschulkind entwickeln kann, muss es eine Umwelt vorfinden, die es befähigt, innere Bilder von seinem Verlangen und seinen Wünschen zu konstruieren.
Nur dann wird es als Vorschulkind die Erfahrung machen, dass die Erfüllung innerer Wunschvorstellungen z. B. mithilfe anderer Kinder im Rollenspiel gelingt.

Das *einsame* Kleinkind ist ohne Erwartungshaltung. Es ist verloren in seiner Einsamkeit. Es hat wie die Kinder, die RENÉ SPITZ beschrieben hat, seinen Kampf um die gemeinsam geteilte Tätigkeit mit den Gegenständen aufgegeben. Was es empfindet, was es fühlt, was und wie es wahrnimmt, können wir nicht wissen.
Es lässt nur so viel kränkende Umwelt auf sich wirken, wie es verarbeiten kann. Bevor es zerbricht, schaltet es ab.
Es kann den Entwicklungssprung zum Vorschulkind nicht machen.
Ihm fehlen die bio-psycho-soziokulturellen Voraussetzungen, einen inneren Ereignisraum zu entwickeln, der es ihm ermöglicht, seine inneren Vorstellungen in symbolische Aktionen umzusetzen.

7.3 Die Entwicklung oder das Zurückbleiben des Vorschulkindes

Sara kam mit zwei Jahren einmal wöchentlich in unsere Praxis. Bereits mit drei Jahren hatte sie alle Buchstaben gelernt. Sie legte mit Begeisterung Wörter. Sie spielte Leselotto. Sie malte Bilder aus. Sie hatte eine regelrechte Grammatik ausgebildet und kommunizierte in ganzen Sätzen. Sie äußerte ihre Wünsche im Rollenspiel: „Ich bin eine Mama. Ich backe einen Kuchen. Ich bade das Baby. Ich bin der Doktor."

Sara machte vielen Eltern Hoffnung, dass auch ihr Kind, wenn es so früh wie Sara die Schriftsprache erlernte, nicht geistig behindert werden würde. Dann kam Sara in den Kindergarten. Sie bekam einen Bruder. Zuerst fiel uns auf, dass Sara immer müde zu sein schien, wenn sie in die Praxis kam. Sie musste regelrecht aufgemuntert werden. Sie wollte nicht mehr malen: „Das ist nicht schön." Sie wollte nicht mehr Wörter legen: „Das ist nicht schön." Sie überhörte die Begeisterung ihrer Lehrerin über ihre guten Leistungen. Sie verkroch sich in die Ecke, wo der Kaufmannsladen stand. Sie wollte allein Sachen abwiegen, umfüllen und einsortieren. Sie sprach am liebsten mit sich selbst: „Die Kinder sind böse."

Zur Heilpädagogin Frau Neumann sagte sie: „Du musst weinen. Du bist traurig. Die Kinder sind böse. Ich kann dich trösten." Sie spielte nur noch das traurige Kind, das Sara tröstete: „Ich weiß, dass du so traurig bist. Ja, du musst immer weinen."

Die leuchtenden blauen Augen wurden zusehends trüber. Sie wurde, ohne dass die Eltern es bemerkten, ein trauriges Kind. Sie lehnte alle Lernspiele ab.

Sie hatte nur das Verlangen, im gemeinsam geteilten Rollenspiel mit Frau Neumann ihrem Schmerz Ausdruck zu geben. Sie hatte begriffen, dass die „bösen" Kinder besser malen konnten und schneller sprachen und anders waren als sie.

Sie besucht nun einen anderen Kindergarten. Nur wenn es ihr gelingt, dort Freundinnen zu finden, mit denen sie die unterschiedlichsten Rollen spielen kann, die sie nicht als behindert ansehen, die sie anerkennen, kann sie Selbstbewusstsein und innere geistige Handlungspläne entwickeln, die Voraussetzung sind, um in der Schule erfolgreich zu sein.

Das wesentliche Erkenntnisorgan des Vorschulkindes ist die verinnerlichte Umwelt als Erinnerung.
Seine wesentliche Erkenntnistätigkeit sind symbolische Aktionen.

Im Rollenspiel entdeckt es seine Neigungen. Beim Malen bringt es seine innere Welt zum Vorschein. Die äußeren Bilder verinnerlicht es, die inneren Bilder veräußert es.

Das *geschützte* Vorschulkind hebt seine bewussten Erfahrungen, die es zunehmend verinnerlicht, malend und zeichnend auf dem Papier auf. Es ahmt die Erwachsenen nach und verwirklicht seine Träume im Rollenspiel mit anderen Kindern. Es ist Lehrer, Mutter Friseur, Schaffner usw. Dort erfährt es die Anerkennung unter Gleichen.
Damit sich das Vorschulkind zum Schulkind entwickeln kann, ist es notwendig, dass es mithilfe der Erwachsenen lernt, sich im Rollenspiel auszudrücken, um dann mit anderen Kindern spielen zu können. Es muss die Möglichkeit bekommen, Bilder anzufertigen, die das widerspiegeln, was es darstellen will.

Das *einsame* Vorschulkind findet keine Anerkennung bei den Kindern. Es hat keine inneren Bilder und keine Träume, die es im gemeinsamen Spiel ausleben kann. Es sagt: „Wenn ich die Augen schließe, sehe ich nur schwarz."
Oft benutzt es beim Malen keine Farben.
Es kann den Entwicklungssprung zum Schulkind nicht machen.
Ihm fehlen alle bio-psycho-soziokulturellen Voraussetzungen, um innere geistige Handlungspläne zu entwickeln und diese in die Tat umzusetzen.

7.4 Die Entwicklung oder das Zurückbleiben des Schulkindes

Als Pia uns mit fünf Jahren verließ, war sie ein hübsches, fröhliches, normal entwickeltes Kind. Sie malte gern, schrieb voller Begeisterung mit Plastikbuchstaben Gebärdendiktate und machte gute Fortschritte im Mathematikunterricht. Sie hatte die Klassifikation, Sereation, Eins zu Eins Korrespon-

denz, die Handlungszeichen für gleich mehr und weniger gelernt. Sie hatte Freude am Lernen.
Als Pia eingeschult wurde, war sie wesentlich ein Schulkind. Inzwischen geht sie als Integrationskind in die dritte Klasse. Die Schule war auf dieses Kind, das nur in einem adäquaten Unterricht erfolgreich lernen kann, nicht vorbereitet. Für die Eltern ist sie eine begabte geistig Behinderte, die lesen und schreiben kann.
Von Bekannten erfuhr ich, Pia sei immer traurig und würde sich abschotten. Auf aktuellen Fotos schaut sie teilnahmslos ins Leere. Als ich diese Fotos einem Kinderpsychiater zeigte, äußerte er die Vermutung, dass Pia an einer Depression leidet. Pia wird seit drei Jahren nicht mehr zu uns in die Praxis gebracht.
Die Hoffnung stirbt *nicht* zuletzt.

Das wesentliche Erkenntnisorgan eines Schulkindes sind stabile höhere funktionelle Systeme des Frontalhirns.
Die wesentliche Erkenntnistätigkeit ist der Umgang mit abstrakten Zeichen.

Buchstaben und Ziffern verbindet es mit inneren Vorstellungen. Es entwickelt Begriffe.

Das *geschützte* Schulkind findet Anerkennung in der Schülerrolle. Es geht mit den Lehrern und den Mitschülern auf Entdeckungsreisen. Es kommuniziert seine Einsichten und lernt unterschiedliche Meinungen zu akzeptieren. Es verwirklicht seine Wünsche nicht im Rollenspiel, sondern durch gezielte rationale Handlungen.
Damit sich ein Schulkind zum Jugendlichen entwickeln kann, ist eine Schulform notwendig, in der es seine Intelligenz entdecken und entfalten kann. Es ist auf Lehrer angewiesen, die ein Interesse daran haben, das Vorurteil, Kinder mit Trisomie 21 seien von Geburt an geistig behindert, unwiderruflich zu überwinden.

Das *einsame* Schulkind scheitert in der Schule. Es kann dem Unterricht nicht folgen. Es wird ausgesondert. Das Erlernen der Kulturtechniken Lesen, Rechnen und Schreiben wird ihm nicht ermöglicht.
Es kann den Entwicklungssprung zum Jugendlichen nicht machen.

Ihm fehlen alle bio-psycho-soziokulturellen Voraussetzungen, einen Beruf zu erlernen und freundschaftliche Beziehungen zu knüpfen.
Diese Jungen und Mädchen erkennen, dass sie den Anschluss in dieser Gesellschaft endgültig verloren haben. Die ehemaligen Freunde und Freundinnen wenden sich ab. Von den gesellschaftlichen Freizeitangeboten sind sie ausgeschlossen.
„Wenn meine Schwester in die Disco geht, gucke ich Fernsehen."
Sie haben keine berufliche Perspektive. Sie müssen sich damit abfinden, als geistig behindert behandelt zu werden, obwohl sie es wesentlich nicht sind.

8. Die strukturelle Veränderung in der Entwicklung der kindlichen Psyche

Wenn wir sagen, dass Kinder die Möglichkeit bekommen sollen zu werden, was sie schon immer sind, bedeutet dies, dass sie mit allen Möglichkeiten ihrer Entwicklung geboren werden. Kein Kind gleicht einem anderen, jedes ist einzigartig. Davon gehen wir aus.

Wir sind der Meinung VYGOTSKIJS[17], dass jedes Kind im Laufe seiner nicht linearen Entwicklung eine der psychologischen Entwicklungsstufen entsprechende psychische Struktur bildet, die jeweilige Dominante.

Die Dominante entsteht demnach als Ergebnis des Zusammenwirkens des wesentlichen Sinnesorganes und der wesentlichen gemeinsam geteilten Tätigkeit beim Säugling, Kleinkind, Vorschulkind, Schulkind und Jugendlichen.

Jedes Kind verfügt zu jeder Zeit über die potenziellen Fähigkeiten zu empfinden, wahrzunehmen, zu erinnern, zu denken und sich selbst zu reflektieren. Für den Säugling wird die Dominante die Empfindung, für das Kleinkind die Wahrnehmung, für das Vorschulkind das Gedächtnis, für das Schulkind das Denken und für den Jugendlichen die Selbstreflexion.

Die psychische Struktur in der Entwicklung vom Säugling zum Jugendlichen im Hinblick auf die jeweilige Dominante:

Säugling	Kleinkind	Vorschulkind	Schulkind	Jugendlicher
Empfindung	Empfindung	Empfindung	Empfindung	Empfindung
Wahrnehmung	**Wahrnehmung**	Wahrnehmung	Wahrnehmung	Wahrnehmung
Gedächtnis	Gedächtnis	**Gedächtnis**	Gedächtnis	Gedächtnis
Denken	Denken	Denken	**Denken**	Denken
Selbstreflektion	Selbstreflektion	Selbstreflektion	Selbstreflektion	**Selbstreflektion**

17 Vygotskij, L.S. (1960). Die Entwicklung der höheren psychischen Funktionen. Moskau (russ.).

8.1 Der Säugling – die Empfindung als Dominante

Der Säugling empfindet sich und seine äußere Umwelt noch als Einheit

Für den Säugling wird die Dominante die Empfindung.

Alle psychischen Fähigkeiten entwickeln sich in der zwischenmenschlich gemeinsam geteilten Tätigkeit. Das differenzierte Empfinden von Lust und Unlust ist nicht angeboren. Der Säugling lernt, organische Harmonie von organischer Disharmonie und sich von der Umwelt zu unterscheiden. Er lernt, Lust als Widerlächeln, als friedlichen Schlaf, als genüssliches Saugen und körperliche Hinwendung zu äußern. Er lernt, Unlust durch Schreien, Weinen und Abwendung zu signalisieren.

Die Eltern lernen, auf ihn so zu reagieren, dass sie mit ihm gemeinsam geteilte Lustgefühle entwickeln. Der Säugling sehnt sich danach, mit seiner Haut zu kommunizieren, d. h. Empfindungen auszutauschen. Dies beschreibt LEBOYER[18] in seinem Buch: „Sanfte Hände".

Zu viel körperliche Nähe kann genauso irritierend sein wie zu viel Distanz. Einseitige Reizdarbietung wie z. B. das Snozzlen führt zu einer Reizüberflutung, die Angst und Unlust auslöst.

Das Kind verliert seine Empfindsamkeit.

8.2 Das Kleinkind – die Wahrnehmung als Dominante

Das Kleinkind nimmt seine äußere Umwelt wahr

Für das Kleinkind wird die Dominante die Wahrnehmung.

Das Wahrnehmen ist kein passives Verhalten, sondern eine Tätigkeit. MORALES hat wesentliche isolierende Bedingungen erkannt, die bei der Herausbildung der äußeren Sinnesorgane der Kinder mit Trisomie 21 wirken.

Für diese Kinder ist es notwendig, dass die Objekte und die Tätigkeiten nicht nur lautsprachlich, sondern auch mithilfe von Gebärden bezeichnet werden.

18 Leboyer, F. (2007). Sanfte Hände. die traditionelle Kunst der indischen Baby-Massage (10. Aufl.) München: Kösel Verlag

Bildnerisches Gestalten

Dreamy
Flower

Bau das Haus fertig!

Erst in der Einheit der Sinnestätigkeit und deren Bezeichnung lernen die Kinder, die Welt bewusst wahrzunehmen. Aus dem sinnlichen Erleben wird bewusstes Begreifen. Die menschliche Fähigkeit, psychische Systeme zu bilden, hat L. V. VYGOTSKIJ[19] entdeckt. A. N. LEONT'EV[20] hat mit seinen Kollegen die systematische Entwicklung der funktionellen Hirnorgane später erforscht.

8.3 Das Vorschulkind – das Gedächtnis als Dominante

Das Vorschulkind macht sich ein inneres Bild von seiner Umwelt

Für das Vorschulkind wird die Dominante das Gedächtnis.
Alle Kinder fertigen in unserer Praxis Fotobücher an. Diese unterstützen es, sich an seine im Bild aufgehobenen Erfahrungen zu erinnern. Das externe Gedächtnis entwickelt sich zum internen Gedächtnis. Wenn es Bilder malt und im Rollenspiel nachahmt, entwickelt es ebenso sein Gedächtnis.
E. KANDEL[21] hat die Bedeutung des sozialen Umfelds für die Herausbildung des Gedächtnisses erforscht. Er konnte nachweisen, dass harmonisierende Erfahrungen die Proteinsynthese im Hippocampus unterstützten, während irritierende Erfahrungen sie blockierten.

8.4 Das Schulkind – das Denken als Dominante

Das Schulkind macht sich einen inneren Plan, wie es in seiner Umwelt handelt

Für das Schulkind wird die Dominante das Denken.
Wenn das Kind die funktionellen Systeme Empfindung, Wahrnehmung und Gedächtnis ausgebildet hat, ist es zunehmend in der Lage, innere geistige Handlungspläne durchzuführen. Bevor das Schulkind tätig wird, hat es einen inneren Plan von seiner Tätigkeit in seinem Kopf. Denn darin unter-

19 Vygotskij, L.S. (1960). Die Entwicklung der höheren psychischen Funktionen. Moskau (russ.)
20 Leont'ev, A. N. (1973) Probleme der Entwicklung des Psychischen. Frankfurt am Main: Athenäum-Fischer-Taschenbuch Verlag
21 Kandel, E. (2009) Auf der Suche nach dem Gedächtnis: Die Entstehung einer neuen Wissenschaft des Geistes. München: Goldmann Verlag

scheidet sich, so schrieb Marx, noch der schlechteste Baumeister von der besten Biene. Es ist das Verdienst von P. GAL'PERIN[22], dass er den Weg von der äußeren Handlung mit den Objekten zur inneren geistigen Handlung erforscht hat. Es ging ihm darum, jede Unterrichtsstunde für alle Kinder so zu gestalten, dass sie den Lösungsweg der Aufgabe im Kopf haben, bevor sie mit der Lösung beginnen. Es ist die Aufgabe der Lehrer, den Schulkindern eine Orientierungsgrundlage zu geben. Die Schulkinder sollten weder das Opfer reiner Nachahmung noch des Prinzips von Versuch und Irrtum sein. Für diese Kinder bedeutet dies, dass sie zunehmend in der Schule lernen, selbstständig innere geistige Handlungen zu vollziehen.
Dies ist eher die Ausnahme als die Regel in unserem Bildungssystem.
Dem Aneignungsunterricht liegen hauptsächlich folgende Schritte zugrunde:

- Motivation
- Orientierung
- Handlung mit allen Sinnen und sprachliche Begleitung
- Materialisierte Handlung und sprachliche Begleitung
- Lautes soziales Sprechen zu anderen
- Inneres Sprechen mit sich selbst
- Denken[23]

Ich habe vor vierzig Jahren mit diesem Konzept erfolgreich an Sonderschulen gearbeitet. Der Aneignungsunterricht nach GAL'PERIN war wie eine Befreiung aus dem unbegriffenen Scheitern hin zur bewussten erfolgreichen Unterrichtsplanung.
Ich habe dieses Konzept erweitert:

- Die Kinder nehmen Verbindung zu ihren inneren Tendenzen auf.
- Die Kinder lernen, sich selbst eine Aufgabe zu stellen.
- Die Kinder suchen nach Lösungen.
- Die Kinder machen unterschiedliche Entdeckungen
- Die Kinder kommunizieren unterschiedliche Einsichten und Erkenntnisse.

22 Gal'perin, P. J. (1969). Die Entwicklung der Untersuchungen über die Bildung geistiger Operationen. Artikel in: Hiebsch, H. (Hrsg.) Ergebnisse der sowjetischen Psychologie. Stuttgart: Ernst Klett Verlag
23 vgl. Vygotskij (2002). Denken und Sprechen. Weinheim und Basel: Beltz Verlag

„Lernen bedeutet, dass ein Kind mithilfe eines anderen tun kann, was es gern tun möchte – aber alleine noch nicht kann. Alles andere ist nicht Unterricht."

Es ist wichtig, dass alle Kinder lernen, zu einem guten Ergebnis zu kommen, aber es ist ebenso wichtig, dass sie lernen, unterschiedliche Lösungswege, unterschiedliche Sichtweisen und unterschiedliche Ergebnisse zu kommunizieren und anzuerkennen.
Das Licht kann als Welle und als Korpuskel erklärt werden, ein nicht lösbarer Widerspruch.
Beide Erklärungen sind richtig.

8.5 Der Jugendliche – die Selbstreflexion als Dominante

Der Jugendliche macht sich ein inneres Bild von sich selbst

Für den Jugendlichen wird Selbstreflexion die Dominante.
Er ist auf Grund der vielen Erfahrungen, die er gemacht hat, in der Lage, über sich selbst nachzudenken.
Das Selbst, das Erfahrungen gemacht hat, erfährt sich nun selbst.
Er lernt, sich von der Vernunft leiten zu lassen.
Viele Jugendliche stürzen in eine Identitätskrise, wenn sie erkennen, dass sie dem Bild, das sie von sich entworfen haben, nicht entsprechen. Auf dem Weg, erwachsen zu werden, durchlaufen alle Jugendlichen eine Sinnkrise. Für diese Jugendlichen ist das Erwachen als Erwachsener ein Trauma. Je bewusster sie sind, umso größer ist die Gefahr, sich in den Schutzmechanismus der Psychose zu flüchten. Um die derzeitige Gesellschaft aushalten zu können, müssen sie sich eine alternative Welt in ihrem Kopf konstruieren.

Marvin sagt zu mir: „Ich habe keine Handfalte. Ich lebe in einer anderen Welt. Ich träume schön." Ich antworte: „Mein Traum ist, dass du einen Hauptschulabschluss machst." Er antwortet: „Ich weiß. Josi träumt auch davon." Es ist unsere Aufgabe, dass sie in dieser Gesellschaft als Erwachsene Sinn und Bedeutung erfahren.

Die Schwanenseeschule

Christel Manske

9. Die Schwanenseeschule

Wer die Geschichte von der Entenlandschule[24] gelesen hat, weiß, wie es Strauß, Pinguin und Adler ergangen sind.
Sie sind durch die Prüfungen gefallen. Sie mussten die Schule verlassen. Der Obererpel duldete nur Entenkinder.
„Alle das gleiche, alle das gleiche, gleiche, gleiche Ziel und das in Maßen, in Maßen, in Maßen."
Der Schwanenrektor begrüßte die bunte Vogelschar:
„Wir sind eine Vogelfamilie. Kein Vogel ist wie der andere. Jeder ist einzigartig. Der große Vogelgott wünschte sich die Vogelfamilie so bunt wie eine blühende Bergwiese im Sommer."
Dann bat er jeden Vogel, seine Träume zu erzählen.
Pinguin sprach als erster: „Ich möchte im Wasser Spiralen drehen." „Pinguin, viel können wir von dir lernen", riefen die Vogelkinder.
Danach klapperte Storch: „Ich wate gern durch sumpfige Wiesen. Ich möchte lernen, einmal um den Erdball zu fliegen."
„Storch, viel können wir von dir lernen", jubelten alle.
Nun meldete sich Strauß zu Wort: „Ich möchte nur rennen, rennen und rennen."
„Strauß, viel können wir von dir lernen", klang es durch die ganze Schule.
Dann stellte sich die Nachtigall vor. Sie sang ihr schönstes Abendlied. Die Vogelkinder hörten andächtig zu und applaudierten:
„Nachtigall, viel können wir von dir lernen."
Adler sprach: „Ich möchte die Wolken unter mir sehen."
„Adler, du wirst es schaffen", piepste Pinguin.
Als sie ihre Träume vorgetragen hatten, sagte der Schwanenlehrer: „Wir beginnen jede Lernstunde mit der Stille. In der Stille versteht einer den anderen."
Die Vogelkinder wurden so still, dass sie nur ihr Herz hörten, wie es pocht

24 Manske, Christel (2008): Jenseits von Pisa. Lernen als Entdeckungsreise. S. 80

und pocht und pocht, ganz von allein.
Auf dem Traumstundenplan stand: „Die Entdeckung des Wassers."
Pinguin war in seinem Element. Er übte Spiralendrehen und Saltos.
Der Lehrer lud Nachtigall ein, sich auf seinen Schwanenrücken zu setzen.
Storch watete am Seeufer.
Adler und Strauß wagten sich auf ein Floß auf den See.
Jedes Vogelkind machte sich auf seine Weise mit dem Wasser vertraut.
Pinguin, der das Wasser zur Genüge kannte, sehnte sich danach, einmal zu fliegen.
Für Nachtigall, Storch und Adler war es einfach, sich in die Lüfte zu schwingen.
Der Lehrer nahm Pinguin auf seinen breiten Schwanenrücken und kreiste mit ihm über dem See.
Pinguin staunte, als er zum ersten Mal die Erde unter sich sah.
Als er allein durch die Luft purzelte und hilflos mit seinen kleinen Flügeln flatterte, ermutigte ihn sein Lehrer: „Großartig, wunderbar, kleiner Flieger." Platsch, landete er im See, in seinem Element. Strauß lernte in der Schule, im Traum mit seinen Freunden durch diese wunderbare Welt zu fliegen.

10. Ein Schulabschluss für meine Tochter Sanna Lotte (*Autorin Svea Fleißner*)

Sanna Lotte ist zwei Jahre, aufgeweckt, sehr neugierig, wissbegierig und ein richtiger Wirbelwind. Alles muss entdeckt und erforscht werden. Sie kann sich zwar auch sehr gut konzentrieren und auf eine Sache einlassen, aber sonst ist sie immer in Bewegung und läuft umher. Eine Stopptaste scheint es bei ihr nicht zu geben. Am liebsten telefoniert sie und imitiert dabei ein richtiges Gespräch: Sie lässt Pausen, so dass die imaginäre Person antworten kann, und manchmal kommt es dabei zu heftigen Diskussionen. Es ist immer wieder amüsant, ihr dabei zuzuschauen. Außerdem ist sie bekennende Spiegelleserin. Die Zeitschrift wird eine Woche lang von vorn nach hinten und von hinten nach vorn durchgeblättert und teilweise gelesen. Selbstverständlich ist Sanna Lotte auch ansonsten eine richtige Bücherratte. Neben ihren Bilderbüchern stehen auch Wörterbücher, Telefonbücher und Romane ganz oben auf der Beliebtheitsskala. Sie liebt Hunde und Katzen und alles, was mit Technik zu tun hat (also Computer, Telefon, Werkzeug, Auto). Aber am allerliebsten ist sie in Gesellschaft mit anderen Leuten. Man merkt, wie sie es genießt, anderen Menschen ein Lächeln auf das Gesicht zu zaubern und diese dabei um ihre kleinen Finger zu wickeln. Besonders gerne fahre ich mit ihr in der S-Bahn morgens, wenn alle Leute zur Arbeit müssen, kaum ihre Augen offen halten können und meist nicht gerade gut gelaunt wirken. Sanna Lotte zieht mich erst einmal durch den gesamten Zug und nickt und winkt jedem zu. Ab und zu bleibt sie stehen und sagt zu jemandem: „Hallo" und unterhält sich dann mit dieser Person. Es kommt nur ganz selten vor, dass jemand ihrem Charme widerstehen kann. Häufig lachen die Leute zurück und ich höre nur noch „Ach, ist die süß!", bevor mich Sanna Lotte weitergezogen hat. Natürlich hat sie einen richtig sturen Kopf und weiß ganz genau, was sie will. Vor allem möchte sie nicht gewickelt werden und nicht schlafen gehen. Aber essen, das kann sie immer. Und besonders gut schmeckt natürlich das Essen der anderen Kinder. Sanna Lotte ist eben ein ganz normales zweijähriges Kind, nur halt mit einem klitzekleinen Chromosömchen mehr. Sanna Lotte hat das Down-Syndrom.

Wir lieben sie und genießen jeden Tag mit ihr. Wir sind so stolz auf sie, wie sie sich entwickelt hat. Wir freuen uns darüber, dass ausgerechnet WIR das Glück haben, Sanna Lotte unsere Tochter zu nennen.

Bei ihrer Geburt im März 2008 sah alles noch etwas anders aus. In der Schwangerschaft haben mein Mann und ich bewusst auf weiterführende Untersuchungen verzichtet, die eine genetische Erkrankung erkannt hätten. Für uns gab es keine Option Abtreibung, unser Kind sollte auf alle Fälle geboren werden. Allerdings brauchten wir uns auch keine allzu großen Sorgen zu machen, denn die Schwangerschaft verlief fast komplikationslos, und wir gehörten zu keiner Risikogruppe. Das einzig Unerklärliche war ihre geringe Größe. Doch dann kam der Schock. Die Wehen setzten an einem Morgen zweieinhalb Wochen vor dem errechneten Geburtstermin ein. Innerlich hoffte ich, dass sich unser Kind für die Geburt entscheiden würde. Am Abend des gleichen Tages konnte ich endlich einen ersten kurzen Blick auf Sanna Lotte erhaschen, als sie der Kinderärztin übergeben wurde, um animiert zu werden. Der Verdacht auf Trisomie 21 wurde sehr schnell geäußert, außerdem vermuteten die Ärzte einen Herzfehler bei Sanna Lotte, der im Ultraschall auch bestätigt wurde. Für uns hieß dies, dass Sanna Lotte in einem Wärmebettchen im Säuglingszimmer unter ständiger Beobachtung stand. Außerdem sollten wir darauf achten, dass sie in der Woche mindestens 150g zunahm, nicht absonderlich schwitzte, und auch nicht blau anlief. Außerdem sollte sie sich nicht überanstrengen. Bis zu ihrer Herz-OP in sechs bis acht Monaten sollte sie mindestens 4 kg zunehmen. Über das Down-Syndrom wussten wir zu diesem Zeitpunkt nicht viel.

Die ersten Tage und Wochen nach der Geburt waren gekennzeichnet von der Verunsicherung, ob man alles richtig macht und nichts übersieht, was gesundheitliche Folgen nach sich ziehen würde. Sie waren gekennzeichnet von der Trauer, dass ausgerechnet WIR ein behindertes Kind bekommen haben, der Unsicherheit, wie die Zukunft mit unserem behinderten und herzkranken Kind aussehen wird und der Furcht, unser Kind würde immer ein schwerer Pflegefall bleiben und nie ein eigenständiges Leben führen können.

Außerdem fragten wir uns, ob wir das Kind je richtig annehmen und aus vollem Herzen lieben könnten, und wie ich mich fühlen würde, wenn es die ersten Wochen nicht überlebte. Würde ich mich freuen, eine Last weniger zu haben oder wäre es ein weiterer Schock für mich und für uns als Familie?

Freunden und Bekannten teilten wir die Diagnose nur zögerlich mit. Sie sollten Sanna Lotte erst einmal herzlich begrüßen können, ohne ein seltsames ohnmächtiges Gefühl und ohne die Ratlosigkeit, wie man den Eltern am besten begegnete. Außerdem hatten wir noch die geringe Hoffnung, die Ärzte hätten sich bei ihrem Verdacht vielleicht doch geirrt.

Ein großer Trost in dieser Zeit war der Satz, dass die Kinder mit Down-Syndrom sich halbwegs normal entwickeln können, wenn sie entsprechend gefördert werden. Diese Bemerkung machte meine Schwester bereits etliche Jahre vor meiner Schwangerschaft. Und sie musste es ja schließlich wissen, da sie durch ihre Arbeit häufig mit Down-Syndrom-Kindern zu tun hatte.

Inzwischen weiß ich, dass meine Gedanken ganz normal waren, und viele Paare mit einem Kind mit Down-Syndrom in der ersten Zeit nach der Diagnose sich mit Selbstzweifeln quälen. Dabei hatten wir noch viel Glück. Sanna Lotte musste nicht intensiv betreut werden, und schon nach zwei Wochen nach der Entbindung konnten wir nach Hause entlassen werden. Außerdem trank sie vom ersten Moment an vorbildlich an der Brust, so dass wir zwei keinerlei Probleme beim Stillen hatten. Von schwacher Mundmotorik war nichts zu erkennen. Die Flasche und den Schnuller hat sie konsequent bis heute verweigert. Im Großen und Ganzen erfuhr ich nicht viel über das Down-Syndrom im Krankenhaus. Mir wurde zwar psychologische Unterstützung angeboten, aber ein aufklärendes Gespräch erfolgte nicht. Außerdem zogen sich die Ärzte nach meiner Meinung ein wenig aus der Verantwortung, denn ihren Verdacht auf Trisomie 21 äußerten sie nur gegenüber meinem Mann, dem sie es dann überließen zu entscheiden, wann er es mir sagen wollte. Aber er sollte es mir bitte nicht noch am gleichen Tag der Geburt mitteilen. So fuhr mein Mann mit dem Wissen nach Hause, dass Sanna Lotte behindert ist, und konnte bzw. wollte es auch niemandem erzählen, bevor ich es wusste. In der zweiten Lebenswoche von Sanna Lotte wurden wir zur weiteren Überwachung in ein Kinderkrankenhaus überwiesen. Während man uns in der Entbindungsklinik mit überholten medizinischen Meinungen und Ratschlägen weitestgehend in Ruhe gelassen und uns die Möglichkeit gegeben hatte, Sanna Lotte so weit wie es ging, als Baby mit normalen Bedürfnissen und Forderungen kennen zu lernen, wehte uns in der Kinderklinik ein ganz anderer Wind entgegen. Die Kinderärzte vermittelten mir den Eindruck, dass sie in Sanna Lotte nicht etwa eine eigene kleine Persönlichkeit, sondern ein Kind mit Down-Syndrom sahen. Aus-

gehend von dieser Diagnose hat man dann die entsprechenden Symptome bei Sanna Lotte gesucht und sich entsprechend bestätigt gefühlt, als man meinte, sie gefunden zu haben,.
Als ich mich ein wenig gefangen hatte, kam die Sozialarbeiterin und wollte mit mir den Schwerbehindertenantrag ausfüllen. Bis dahin war mir nicht bewusst, dass Sanna Lotte mit ihrer Diagnose als schwer behindert galt und dementsprechend brach ich erneut zusammen. Heute kann ich darüber schmunzeln. Inzwischen habe ich es fast gelernt, einen Unterschied zu machen zwischen dem, was auf dem Papier steht (die Vorteile eines Schwerbehindertenausweises sind nicht zu unterschätzen) und dem, wie Sanna Lotte sich jeden Tag verhält.
Als Elternpaar entschlossen wir uns, im ersten Lebensjahr Sanna Lotte so kennen zu lernen, wie sie ist. Wir suchten keine Selbsthilfegruppe auf und hatten auch sonst wenig Kontakt zu anderen Betroffenen. Stattdessen war es uns wichtig, dass unsere Tochter viel mit anderen Babys aus unserem Heimatort zusammen war. Schließlich hatten wir vor, sie als Einzelintegration im katholischen Kindergarten in unserer Nachbarschaft unterzubringen. Wir wollten nicht nur andere Eltern mit gleichaltrigen Kindern kennen lernen, sondern wir wollten auch, dass die anderen Eltern uns kennen lernten, um Vorurteile und Scheu im Umgang mit einem besonderen Kind abzubauen bzw. erst gar nicht entstehen zu lassen. So erzählten wir auch nicht als allererstes, dass Sanna Lotte nicht *normal* ist, sondern nahmen an Krabbelgruppen teil, als wäre es nichts Besonderes.
Wir hatten zwar Angst vor den Blicken der anderen Eltern und die Furcht, dass wir nicht akzeptiert würden und uns für unser behindertes Kind noch ständig rechtfertigen müssten. Es stellte sich jedoch heraus, dass unsere Sorgen unberechtigt waren. Sanna Lotte hat es im Handumdrehen geschafft, die Eltern und Kinder um den Finger zu wickeln. Bis zum heutigen Tag wurde mir keine unangenehme Frage gestellt. Aber eine Freundin hat mir erzählt, dass sie während ihrer Schulzeit gefragt wurde, ob sie ein solches Kind abtreiben lassen würde. Sie hätte es getan. Aber sie sagte mir, dass sie jetzt ihre Meinung geändert hätte, nachdem sie die lebensfrohe Sanna Lotte kennen gelernt habe. Auch haben mich Eltern erfreut gefragt, wann denn Sanna Lotte in den Kindergarten komme, da es bereits Thema sei und sie würden sich total darauf freuen, obwohl es noch mehr als ein Jahr bis dahin war.

Ich habe inzwischen keinerlei Zweifel mehr daran, dass Sanna Lotte selbstständig durchs Leben gehen wird. Schon jetzt als Zweijährige zeigt sie mir immer wieder aufs Neue ihre Eigenständigkeit und sogar ein gewisses Maß an verantwortungsbewusstem Handeln. Ich weiß, dass ich mich auf sie verlassen kann, dass sie nichts Unbedachtes macht. Das hat sie mir immer wieder bewiesen. Wohl aber fällt sie in ein passives Verhalten zurück, wenn ich ihr zu wenig zutraue und bereits alles für sie erledige, bevor sie es überhaupt selbst probieren konnte. Mir war es von Anfang an wichtig, dass Sanna Lotte zunächst allein nach Lösungswegen für Probleme suchen konnte. Erst wenn sie meine Hilfe einfordert, unterstütze ich sie soweit, bis sie allein weiter kommt. Sie soll auf spielerische Weise ihre Fähigkeiten kennen lernen und ausbauen. Wir verbringen täglich viel Zeit miteinander und malen, kneten, schreiben, turnen, bauen, lesen, basteln, entdecken und erforschen alles und jedes. In den Alltag wird sie voll integriert. Zurzeit macht es ihr viel Freude, mir im Haushalt zu helfen. Auch wenn es dann dreimal so lange dauert, und letztendlich ich das Ganze noch mal machen muss. Aber dafür ist Sanna Lotte stolz, dass sie mich unterstützen kann. Und es ist einfach zu süß zuzuschauen, wenn sie mit dem Putzlappen in der Hand durch die Wohnung rennt, alles Mögliche mit penibler Genauigkeit sauber macht und anschließend ihre Arbeit begutachtet.
Natürlich kommt es immer wieder vor, dass man traurig wird, ein behindertes Kind zu haben, das sich nicht so schnell entwickelt wie andere Kinder. Auch ertappe ich mich immer wieder dabei, dass ich heimlich Sanna Lotte mit anderen Kindern vergleiche und feststellen muss, dass die Entwicklungsverzögerung größer wird. Aber dann schaue ich Sanna Lotte an, und sie überrascht mich wieder strahlend mit einer Neuigkeit. Dann sind die Phasen der Traurigkeit bald wieder vorbei und Sanna Lotte ist wieder Sanna Lotte. Mein Ehrgeiz wird dann auch wieder geweckt, wenn Sanna Lotte Sachen nicht zugetraut werden, die sie als „Down-Syndrom-Kind“ ja „noch nicht“ können darf bzw. kann. Dann verbünden wir zwei uns und zeigen es den anderen. Sanna Lotte erfasst Zusammenhänge blitzschnell und setzt sie gleich in die Tat um. Warum sollte sie keinen Schulabschluss machen können? Was für einen, das wird sich zeigen. Ich werde sie auf alle Fälle auf ihrem Weg unterstützen.
Bis heute sind wir in allen Gruppen integriert. Sicher, es kann sich noch ändern, wenn die anderen Kinder älter werden und sich ihre Freunde selbst-

ständig aussuchen und dann Sanna Lotte vielleicht meiden. Bisher allerdings freuen sich die Kinder, wenn wir sie besuchen und zusammen spielen. Einen Heiratsantrag hat sie inzwischen auch schon. Von dem 11-jährigen Sohn der Tagesmutter, ein Junge mit normalem Chromosomensatz, der Sanna Lotte total süß findet und gern den Babysitter für sie macht.
Wir wurden sogar vermisst, als wir mehrere Wochen nicht bei der Spielgruppe und bei „Musik für Mäuse“ erschienen, und ehrliche Freude wurde uns entgegen gebracht, als wir dann wieder teilnahmen. Sanna Lotte hat bei vielen Kindern durch ihre geringe Größe eine Art Beschützerinstinkt geweckt. Viele Kinder wollen sie beschützen oder ihr helfen, andere wiederum ihr ständig ein Küsschen geben. Mittlerweile findet sie das alles andere als schön und versucht immer zu fliehen, weil sie alles allein schaffen möchte. Sie ist ja schließlich schon zwei und bereits ganz groß. Selbst ich ertappe mich immer wieder dabei, wie sehr ich Sanna Lottes Fähigkeiten unterschätze, ihre sprachliche Fähigkeit und die Fähigkeit Zusammenhänge blitzschnell zu verstehen und anzuwenden. Manchmal bleibt mir der Mund offen stehen, wenn ich sehe, was sie bereits kann und wie sie sich ausdauernd bemüht, etwas zu lernen. Ich staune jeden Tag über das kleine Wunder, das in mein Leben getreten ist.
Heute weiß ich, wenn ich vor der Geburt zwischen einem Kind mit Down-Syndrom und einem Kind ohne das zusätzliche Chromosom hätten wählen dürfen, dann hätte ich mich sicherlich für ein Kind mit normalem Chromosomensatz entschieden. Zum Glück durfte und konnte ich nicht wählen. Mir wäre so vieles entgangen: Ein Kind, das offen auf alle Menschen zugeht, egal wie alt sie sind, welcher Kultur, welchem Geschlecht, welchem sozialem Status die Person angehört, ein Kind, das neugierig die Welt entdeckt und jeden Tag unzählige kleine überraschende Entdeckungen macht und sich darüber freut, als wäre es ein Weltwunder – selbst wenn dies auch ein normales Kind machen würde.

Ein Kind.

Für mich ist Sanna Lotte mein Kind.

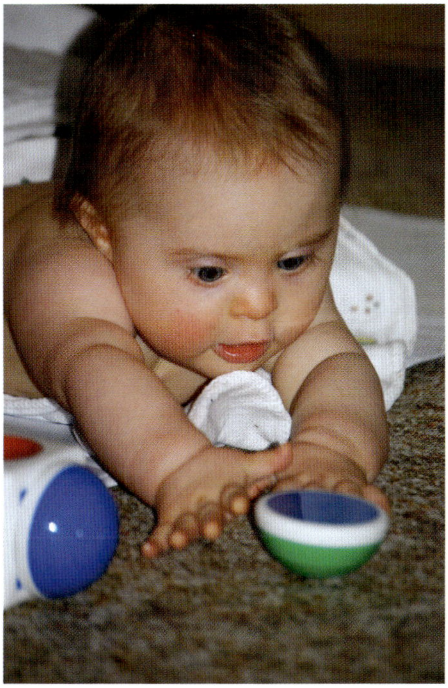

Sanna Lotte

Zwei…

…Jahre

11. Die Kinder entdecken das mathematische Denken

Homo sapiens und Neandertaler haben Tausende von Jahren als Nachbarn verbracht. Der Neandertaler tauchte ab und der Homo sapiens bevölkerte die Erde.

Es gibt darüber viele Theorien. Vielleicht gibt eine Höhlenzeichnung Aufschluss, die vor ca. 20000 Jahren vom Homo sapiens stammt. Der Homo sapiens war nicht an sich, sondern für sich auf diesem Erdball. Die Höhle stellt ein riesiges *Symbol* dar, das ein Urwesen abbildet, das wirkliche Lebewesen in seinem Leib beheimatet. Der Homo sapiens hatte ein Bewusstsein von der lebendigen Energie, die ihn umhüllt.

Er nutzte diese bewusste Beziehung, reflektierte sie, vernetzte die zentralen Nervenzellen und bildete sein Frontalhirn aus. Unser Denken ist Bewusstsein von der Schöpfung, die wir staunend zur Kenntnis nehmen und Bewusstsein von uns selbst. *Mathematik ist Denken.*

Da wir davon ausgehen, dass sich in der Entwicklungsgeschichte eines Kindes die Geschichte der ganzen Menschheit im Zeitraffer wiederholt, ist es verständlich, dass adäquater Unterricht zum Ursprung zurückführt.

Wie unsere Urahnen gelebt haben, können wir nie genau wissen, dennoch ist es für das Verständnis von uns selbst grundlegend, dass wir uns ein Bild davon machen.

Sie haben bedeutungsvolle Botschaften für uns hinterlassen. Wir tun gut daran, sie zu entziffern.

Für das Verständnis der Entwicklung der Kinder ist die Frage wichtig: „Welche Bedingungen haben sie geschaffen, dass die Wildnis Meter um Meter unterschiedlichen Kulturen weichen musste, und welche Bedingungen müssen wir diesen Kindern bieten, damit sie auch Anteil am kulturellen Leben haben und Kulturschaffende werden?" Nur wenn es uns gelingt, unser Denken über die Kinder zu verändern, werden die Kinder mit uns das Denken entwickeln.

Für die Arbeit in unserer Praxis ist der Gedanke VYGOTSKIJS grundlegend, dass menschliche Entwicklung nicht linear verläuft, sondern in qualitativen Sprüngen.

Die Kinder durchlaufen eine psychische Metamorphose. Säugling, Kleinkind, Vorschulkind, Schulkind und Jugendlicher unterscheiden, sich wesentlich in ihrer Beziehung zur Umwelt.
Dieser Umstrukturierung der Psyche muss auch der Mathematikunterricht Rechnung tragen. Das Denken ist nicht angeboren. Es entwickelt sich nicht durch Reifung. Es ist auch nicht die einsame Nervenerregung, die sich im isolierten Gehirn von Zelle zu Zelle bis ins Frontalhirn Bahn bricht. In einer geschützten, harmonischen Umwelt entwickeln Kinder lustvoll das gemeinsam geteilte Empfinden, das gemeinsam geteilte Wahrnehmen, das gemeinsam geteilte Erinnern und das gemeinsam geteilte Denken. Die konsequente Denkungsart besteht, nach Kant darin, sinnvoll mit der Umwelt zu interagieren. Die Säuglinge können es noch.

11.1 Das Denken des Säuglings (0 - 0,8 Monate)

Denken ist Empfinden und lustvolle Hinwendung

Die Krise des Neugeborenen

Der Säugling muss den Verlust der Geborgenheit im Schoß der Mutter ertragen. Er ist ungeschützt. Sein einziger Schutz ist, dass er als soziales Wesen auf die Welt gekommen ist und in der Lage ist, den Körperkontakt mit der Mutter aktiv durch Saugen an der Brust und Ankuscheln aufrechtzuerhalten.
So macht er sich die fremde Welt vertraut.

Die Entwicklung des Säuglings

Unsere Urahnenmutter hat ihren Säugling in den ersten Lebensmonaten wahrscheinlich dauerhaft durch ihren eigenen Körper gewärmt und geschützt. Auf diese Weise haben Mutter und Kind eine soziale Bindung entwickelt.
Die Fähigkeit zu kommunizieren bringt der Säugling mit auf die Welt. Er lächelt, wenn er genährt, gewärmt und geschützt wird, und er weint, wenn er dies vermisst. Noch heute gibt es Kulturen, in denen die Mütter ihr Baby den ganzen Tag, auch während der Arbeit, auf dem Rücken tragen. Der gemeinsam geteilte Körper ist die Quelle der Lust, sowohl bei Mutter als

auch beim Kind. Das Kind entwickelt – geborgen, getragen und geschaukelt – sein Bewusstsein.
Diese soziale Kreisreaktion, die die meisten Kinder in unserer Kultur so nicht erfahren, ist die Bedingung dafür, dass die Lebensenergie das Frontalhirn erreicht und dort Nervenverbindungen aufbauen, die die gemeinsam geteilte Wahrnehmung entwickeln.

Als Tim seine Abtreibung überlebt hatte, ließen ihn die Ärzte viele Stunden unversorgt. Eine mitfühlende Krankenschwester rettete das um sein Leben schreiende Kind. Tim ist die Spitze des Eisbergs der sozialen Kälte, die diese Kinder umgibt.
Wir können davon ausgehen, dass die erste Begegnung zwischen Mutter und Kind mit Trisomie 21 in der Regel in unserer Kultur schmerzvoll ist und sich die soziale, lustvolle Einheit, die die Voraussetzung für die geistige Entwicklung des Kindes ist, verzögert.

Für den Säugling bedeutet Denken gemeinsam geteilter, lustvoller Austausch beider Körper, der allmählich auch die Manipulation von Gegenständen wie Rassel, Püppchen, Stofftier und Fläschchen mit einbezieht.

Rhythmisches Klatschen, Schaukeln und Singen, Abzählreime und Fingerspiele vermitteln dem Kind erste Eindrücke über unterschiedliche Möglichkeiten zu ordnen und zu vergleichen.

Ein Beispiel für das Denken des Säuglings
Flora war sieben Wochen alt. Sie lag in ihrem Körbchen. Ich bewegte einen Ring vor ihren Augen hin und her. Sie verfolgte ihn mit den Augen und griff nach ihm. Sie hielt ihn solange fest, bis ich ihr einen anderen Ring anbot. Sie bewegte auch diesen vor ihren Augen, steckte ihn in den Mund und betastete ihn. Sie eignete sich den Ring aktiv an und in der gemeinsam geteilten Tätigkeit war sie in der Lage, zielgerichtete Handlungen auszuführen.

1.2 Das Denken des Kleinkindes (0,8 Monate - 3 Jahre)

Denken ist Wahrnehmen und Werkzeuggebrauch

Die Krise des Einjährigen

Wenn der Säugling seine sensorischen und motorischen Fähigkeiten entwickelt hat, strebt er die Aufhebung der physischen Einheit mit der Mutter an. Die Mütter sagen: „Er ist nicht mehr pflegeleicht." Er krabbelt allein durch den Raum. Die Mutter muss ständig aufpassen, dass ihm auf seinen kleinen Ausflügen nichts passiert. Manche Eltern sperren die Kinder in einen Laufstall ein, wo sie zwar geschützt sind, aber keine Entdeckungen machen können.

Die Entwicklung des Kleinkindes

Die Geschichte unserer Urahnenmutter und unseres Urahnenvaters beginnt mit dem Werkzeuggebrauch. Der Faustkeil zählt zu den ersten großen menschlichen Erfindungen.

Das Kleinkind lernt, im geschützten Raum die kulturelle Umwelt zu erobern. Es sehnt sich nun nach der gemeinsam geteilten Tätigkeit mit Kulturgegenständen wie z. B. Löffel und Gabel, Tasse und Teller, Schuhe und Strümpfe usw. Zunehmend äußert das Kind den Wunsch nach anspruchsvollem Werkzeug wie z. B. Hammer und Zange, Papier und Stiften, Knete und Klebe. Es stellt sich immer schwierigere Aufgaben, z. B. sich selbst anzuziehen, Türen zu öffnen und auf Stühle zu klettern.

Es lernt, mithilfe von Bauklötzen Türme und mithilfe von unterschiedlichen Ringen Pyramiden zu bauen. Es legt Puzzles, es hat Freude an Steckspielen, liebt Ballspiele und vieles mehr.

Das Kleinkind entwickelt während der gemeinsam geteilten Tätigkeit mit den unterschiedlichen Objekten täglich unzählige Nervenverbindungen, so dass es für die Erwachsenen oft nicht einfach ist, den unersättlichen Tätigkeitsdrang der Kinder zu stillen.

Das Kind lernt in unserer Praxis Ordnungen herzustellen, indem es klassifiziert nach Form, Farbe und Größe, wenn es z. B. Bestecke sortiert. Es lernt die Sereation, wenn es z. B. Treppen baut. Eine Zahl gehört immer einer Klasse an und hat auf dem Zahlenstrahl immer nur einen bestimmten Platz inne. Dem Zahlbegriff liegen daher vielfältige Erfahrungen der Kinder mit den ordnenden Prinzipien Klassifikation und Sereation zu Grunde.

Nur in der gemeinsam geteilten Tätigkeit entwickelt das Kind das geistige Werkzeug Sprache, welche die Tätigkeit der Kinder bewusst macht.

Für das Kleinkind bedeutet Denken im Wahrnehmungsfeld, mithilfe von unterschiedlichen Werkzeugen, Aufgaben zu entdecken und zu lösen.

Die Kinder müssten, damit sie das Denken entwickeln können mindestens vier Stunden am Tag auf diese Weise gemeinsam tätig sein.

Ein Beispiel für das Denken des Kleinkindes
Jan lernt Glaskugeln aus einem Eimer zu holen. Ihm stehen Löffel, Gabeln, Kelle, Zange, Messer usw. zur Verfügung. Er entscheidet sich für die Kelle.
Anna ist gerade ein Jahr alt. Alle essen Torte. Nur sie soll Brei essen. Sie zieht solange an der Tischdecke, bis die Torte vor ihr steht. Das haben die glücklichen Eltern verstanden.
Nils hat seinen Joghurt gegessen. Er möchte noch einen. Seine Mutter gibt ihm einen Keks. Den will er nicht. Plötzlich ist es ganz still. Nils hat sich den zweiten Joghurt aus dem Kühlschrank geholt und löffelt ihn genüsslich aus. Dort liegt auch der Keks, den er essen sollte.

11.3 Das Denken des Vorschulkindes (3 - 7 Jahre)

Denken ist Träumen und Erinnern

Die Krise des Dreijährigen
Das Kleinkind will alles selber machen und es will nicht das machen, was von ihm erwartet wird. Diese krisenhafte Phase nennen wir Trotzphase, die ein notwendiger Schritt für die Entwicklung des Denkens ist. Das Kind ist nun zunehmend in der Lage, in den Widerstand zum Wahrnehmungsfeld zu gehen und sich zunehmend auf sein Gedächtnis zu verlassen. Nach unserer Erfahrung müssen manche Kinder, die im Mathematikunterricht scheitern, die Trotzphase nachholen.

Die Entwicklung des Vorschulkindes
Für das Vorschulkind bedeutet denken, sich zu erinnern.

Wie VYGOTSKIJ sagt: „(...) for the early child, to think is to remember. For the later child, to remember is to think."[25]

Wir gehen mit den Kindern zu unseren Urahnen zurück. Von ihnen können sie lernen, wie diese mithilfe von Token die Unsicherheit der Wahrnehmung mithilfe des externen Gedächtnisses überwunden haben.

Wenn in Urzeiten der Besitzer seinen Knecht mit einer Herde Schafe auf den Weg schickte, konnte er ihn nicht mehr kontrollieren, sobald er ihn aus den Augen verloren hatte. Er konnte die Schafe nicht abzählen, da es zu der Zeit noch keine Zahlen gab. Er konnte eine Menge im Hunderterraum nur als ein inneres Bild „viele" in seinem Gehirn abspeichern. Unsere Urahnen lösten das Problem, indem sie die Schafe mithilfe von Tonkugeln symbolisierten.[26] Ging ein Schaf durch das Gatter, legte der Besitzer eine Tonkugel in ein Gefäß. Kam der Knecht mit der Herde zurück, ordnete der Besitzer jedem Schaf eine Kugel zu. So entdeckten sie das Vergleichen und die Begriffe „mehr", „gleich" und „weniger".

Die Vorschulkinder lernen in unserer Praxis den Vergleich von Mengen auf diese Weise. Die Aufgabe lautet: „Sind mehr Motorräder oder mehr Autos auf dem Bild?" Sie legen auf jedes Auto ein blaues Blättchen und auf jedes Motorrad ein rotes Blättchen. Dann legen sie die Blättchen eins zu eins nebeneinander. Nun erkennen sie ob sie ein blaues, d. h. ein Auto, oder ein rotes Blättchen, d. h. ein Motorrad mehr haben.

Sie überwinden durch Tätigkeit das trügerische Wahrnehmungsfeld.

Unsere Urahnen mussten sich dann einem weiteren Problem stellen, als sie begannen, ihren Besitzstand nicht nur zu kontrollieren, sondern ihn auch untereinander zu tauschen. Sie schufen für die unterschiedlichen Tauschobjekte unterschiedliche Token mit unterschiedlichen Wertigkeiten. Für ein Pferdetoken konnte man z. B. zwei Kühetoken und vier Schafetoken eintauschen.

Die Kinder lernen in unserer Praxis je nach vereinbartem Wertesystem zu tauschen. Das entspricht ihrer Psyche und macht ihnen richtig Spaß.

25 Vygotskij, zitiert nach Chilton Pearce, J. (1985). From Magical Child to Magical Teen. Rochester: Park Street Press S. 49

26 Harper, C. (Hrsg.) (1999). The history of counting. New York: Morrow Junior Books.

Mathematisches Denken

UPERMARKT
Täglich frisc
Eier
10 Stk 1,10

Pirates

wenco
ZUCKER
MEHL

SUPERMARKT

SUPERMARKT

Beispiel für das Denken des Vorschulkindes

Marvin, der einige Wochen lang die erste Klasse besuchte, hatte bei Herrn Heinrich gelernt, kleine Schokoladentafeln gegen eine Mark einzutauschen. Ernie, der von Herrn Heinrich gespielt wird, nimmt schnell vier einzelne Mark. Marvin nimmt das Fünfmarkstück und sagt: „Ernie, nun hast du eine Tafel Schokolade weniger. Ich hab eine mehr." Marvin bemüht sein Gedächtnis. Er erinnert sich, wie viele Tafeln er für das Fünfmarkstück getauscht hatte.

Josefine schüttet in ein hohes Glas vier Töpfchen Linsen und in eine flache Schale ebenfalls. Sie erklärt das so: „Du denkst, das ist mehr", und zeigt auf das hohe Glas, „aber das ist doch nicht mehr. Guck mal, denk doch mal, da hab ich doch in jedes Glas vier Töpfchen geschüttet. Hier hab ich das aufgemalt. Dann stimmt das auch." Sie verlässt sich nicht mehr auf ihre Wahrnehmung, sondern auf ihr Gedächtnis. Sie hat die Invarianz entdeckt.

Christian konnte die Aufgabe sieben plus fünf nur durch einerweises Abzählen lösen. Erst nachdem er aus Plastikwürfeln einen Hund aus sieben blauen und fünf roten Steinen steckte und ihn in sein Mathematikheft übertrug, gelangte die Aufgabe als inneres Bild in sein Gedächtnis. Er verließ das Wahrnehmungsfeld, schloss die Augen und zählte die Klötze des inneren Bildes.

Erst die vielfältige Herausbildung innerer Bilder war für ihn die Grundlage für das Erlernen von Zeichen, die sich an seine inneren Bilder hefteten.

Wir können nicht die fünf denken, wenn wir nicht ein Symbol wie z. B. die fünf Punkte auf dem Würfel als inneres Bild konstruieren oder uns einen Gegenstand wie z. B. unsere fünf Finger vorstellen.

Der Reichtum innerer Bilder, die sich im Kopf krisenhaft wie Gewitter zusammenbrauen, bringt die Geistesblitze, die inneren geistigen Handlungen, hervor.

11.4 Das Denken des Schulkindes (7 - 11 Jahre)

Denken ist Entdecken und Konstruieren

Die Krise des Schulkindes

Das Schulkind erkennt, dass seine inneren Bedürfnisse nicht den Erwartungen der Umwelt entsprechen. Das Kind bemüht sich, die Balance zwischen Innen und Außen zu finden.

Die Entwicklung des Schulkindes

Für das Schulkind bedeutet Denken entdecken und konstruieren. Die Welt der Zahl ist nicht von Gott gegeben, sondern eine menschliche Konstruktion, die den Menschen unterschiedlicher Gesellschaften half, miteinander abzurechnen.

Mathematik ist Vergleichen. Um vergleichen zu können, muss das Schulkind lernen zu messen. Es muss unterschiedliche Erfahrungen mit dem Messen machen, bis es entdeckt, was eine Maßeinheit ist. Um zu wissen, welcher Baum größer ist, welche Strecke länger ist, welche Fläche größer ist, muss es sich ein Maß anfertigen. Irgendwann entdeckt es die Zahl Eins als das Ausgangsmaß, das die Wertigkeit aller weiteren Zahlen festlegt.

Erst wenn das Schulkind die Zahl Eins entdeckt hat, kann das Zählen im Mathematikunterricht beginnen. Das Kind *entdeckt*, wie wichtig es ist, dass es selbst messen kann, damit es sich gegen Betrug schützen kann.

Solange es keine Mathematikdidaktik für diese Kinder gibt, empfehle ich die Schulbücher von KUTZER[27], da alle Kinder unserer Praxis mit Freude darin arbeiten.

Wir beginnen auf dem Hintergrund dieses entwicklungspsychologischen Konzepts, bereits gemeinsam mit dem Kleinkind das Denken zu entwickeln. Wir durchlaufen im Mathematikunterricht alle psychologischen Entwicklungsstufen des Denkens und lassen keine aus.

Der Mathematikunterricht beginnt also mit dem ersten Lebensjahr und nicht erst bei Schuleintritt.

Solange diese Kinder in der Schule in der Regel Ziffern in allen Größen schreiben und Ziffern abzählen, wird ihnen ein adäquater Mathematikunterricht vorenthalten und das Erlernen des logischen Denkens unmöglich gemacht. Diese Kinder lernen das Denken selten im Mathematikunterricht, denn der Unterricht bleibt in der Regel im Wahrnehmungsfeld mit Anschauungsmaterial stecken. Er blockiert daher die Fähigkeit dieser Kinder, innere geistige Handlungen zu vollziehen.

Beispiele für das Denken des Schulkindes

Malte rechnet problemlos mit Buchstaben. Fläche A plus Fläche B ergibt eine gleichgroße Fläche C.

27 Kutzer, R. (2001). Mathematik entdecken und verstehen. Frankfurt am Main: Diesterweg Verlag.

Er sagt: „Ich habe die Fläche A. Ich suche die Fläche, die ich dazu lege und die beiden zusammen sind so groß wie die Fläche C." Er legt die unterschiedlichen Flächen so lange aufeinander, bis er die entsprechende Fläche B gefunden hat.
Marvin hat Linsen, Hirse, Sand und Bohnen in einem Glas vermischt. Der Lehrer fragt: „Und nun? Du hast jetzt alles zusammengekippt?" Marvin beruhigt ihn. Er holt zuerst ein Sieb, durch das der Sand fällt. Dann hämmert er mit einem Nagel Löcher in eine Blechdose. Durch diese Löcher fällt tatsächlich nur die Hirse. Er hat das Dosensieb erfunden.[28]

28 Manske, C. (2008). Jenseits von Pisa. Lernen als Entdeckungsreise. Greifswald: Druckhaus Panzig.

12. Die Kinder entdecken die Schrift

Pablo Pineda lernte mit vier Jahren lesen. Er lernte schon als kleiner Junge, sich selbst an schwarzen Zeichen auf weißem Papier zu erkennen. Seine Mutter ermöglichte ihm schon im Vorschulalter, sich mithilfe der Schrift eine farbenfrohe Wirklichkeit in seinem Kopf zu konstruieren.

Ich hatte wie Pineda lesen vor der Schule gelernt.

Ich ging jeden Sonntag zu Tante Grete vom Entschiedenen Christentum. „Wer Gott nah sein will, der liest jeden Tag in der Bibel", sagte sie. Ich las jeden Tag. Ich las für die ganze Familie mit. Ich erinnere mich noch an die Entdeckung, die ich machte, als ich „Ruth, die Ährenleserin" las. Ruth hieß meine Freundin. Sie hatte rotes Haar und Sommersprossen. Sie sang auf der Schulfeier: „Bunt, bunt, bunt sind alle meine Kleider, weil mein Schatz ein Maler ist", und ich sang: „Rot, rot, rot sind alle meine Kleider, weil mein Schatz ein roter Husar ist." Ich wusste nicht, was ein roter Husar ist.

Wir gingen mit unseren Müttern auf die Stoppelfelder. Wir sammelten Ähren. Ich dachte immer: „Mit Schuhen an den Füßen würde das Ährensammeln noch mehr Spaß bringen."

Ich war alleine zu Haus. Ich hielt die Bibel in der Hand und las.

Ich fand mich in dem Bibeltext wieder.

Die Frage ist also nicht, ob ein Kind Trisomie 21 hat oder nicht, sondern die Frage ist, ob es Bücher hat, in denen es sich selbst erkennt.

Wenn unter Lesen in erster Linie das Zusammenziehen von Silben verstanden wird, dann wird den Kindern der Sinn für die Schrift und deren Bedeutung endgültig versperrt. Das gilt besonders für Kinder mit Trisomie 21, für die spezielle Programme bereit liegen, die nur die Lesetechnik trainieren.

Aus diesem Grund kommen einige Kinder in unsere Praxis, die ohne Sinn und Verstand „fließend" lesen.

Andere wiederum haben sich im Sinne der Ganzwortlesemethode die Gestalt einiger Wörter eingeprägt. Sie sind jedoch nicht in der Lage, neue Wörter mit Sinn und Bedeutung selbst zu konstruieren.

Vor zehn Jahren beobachtete ich Josefine, als sie allein mit den Holzbuchstaben sprach. Sie war dreieinhalb Jahre alt. „A oder? Ja A!" Sie strahlt. „M wie Mama." Sie hielt ein „N" in der Hand. Sie schüttelte den Kopf. „N wie Nase". Sie legte das N zurück in den Holzkorb und suchte das M. Sie fand es. „M wie Mama. Meine Mama."

Ich sehe das kleine Mädchen noch heute vor mir, wie es wie selbstverständlich einen Buchstaben nach dem anderen lautierte. Dieser Augenblick hat die Arbeit in unserer Praxis geprägt. „Wenn sie die Buchstaben als Sinn gebende Laute so schnell gelernt hat, dann lernen es die anderen Kinder auf diese Weise auch." Das war mein erster Gedanke, und er erwies sich als richtig.

Wunderschön ist die Geschichte „Der Buchstabenbaum" von Leo LIONNI[29]. Die Buchstaben hüpfen von Blatt zu Blatt und von Ast zu Ast. Für die Kinder, die schon ab drei Jahren die Buchstaben als Sinn gebende Laute lernen, hüpfen die Buchstaben durch die ganze Stadt. Sie sitzen über den Supermärkten, über den Eingangstüren der Apotheken, den Polizeistationen, auf den Straßenschildern und besonders gern in kleinen Gruppen auf den Nummernschildern der Autos.

Malte steht mit seiner Mutter vor der Zahnarztpraxis.

„Mama, ich kann alles, was hier steht, lesen. Er buchstabiert: „Z-A-H-N-A-R-Z-T." Seine Mama sagt: „Alle Buchstaben zusammen heißt Zahnarzt." Doch davon will Malte noch nichts wissen. Lesen lernen bedeutet eben nicht in erster Linie, das Zusammenziehen der Buchstaben zu üben. Lesen bedeutet wesentlich, den Sinn der Schriftsprache zu entdecken.

Marvin möchte mir heute erzählen, worauf er sich nach der Lernstunde so freut. Das laute Sprechen fällt ihm schwer, so dass ich ihn nicht verstehe. Ich bin verlegen und Marvin ist enttäuscht. Doch dann erinnert er sich, dass er Buchstaben kennt. Er weiß, dass ich die lesen kann. LIONNI schickt den Wortkäfer zu den Buchstaben, und das macht Marvin auch.

Er buchstabiert und schreibt: „SCHSBGE". Ich lese: „Schisbege" und mein Gehirn schreibt deutlich „CHEESEBURGER" in mein Bewusstsein. Nun weiß ich nicht nur, dass es etwas gibt, das Marvin schmeckt, sondern ich weiß nun ganz genau, was ihm schmeckt. Er hatte längst den Sinn und die Bedeutung des Wortkäfers entdeckt. „Cheeseburger gibt es bei Mac Donald", sage ich.

29 Lionni, L. (2005). Der Buchstabenbaum. Weinheim und Basel: Beltz & Gelberg.

„Ich weiß, wie gut sie schmecken." Marvin sagt: „Papa nicht und Mona auch nicht. Ich und Mama." Ich sage: „Gott sei Dank kannst du schreiben und ich kann lesen."

Josefine ist erst fünf Jahre. Sie muss heimlich die Satzraupe entdeckt haben. Sie schreibt mir einen Brief: „LIB FA MASG I KANN SREBN UN LESN. JOSEFINE".

Inzwischen haben ungefähr hundert Kinder mit Trisomie 21 unserer Praxis im Vorschulalter die Buchstaben als Sinn gebende Laute gelernt.

Die sensitive Phase für das Erlernen der Buchstaben liegt nach unserer Erfahrung zwischen drei und vier Jahren.

Flora hatte bereits mit zwei Jahren damit begonnen und konnte alle Holzbuchstaben mit drei Jahren benennen.

Ab dem fünften Lebensjahr verlieren die Buchstaben ihren Reiz. Gestern haben die Kinder noch nach Buchstabenpuzzle, Lesekoffer, Buchstabenmemory usw. verlangt und ab heute bekommen die Buchstaben eine neue Funktion.

Nun geht es nicht mehr nur darum, sie sich als geistige Werkzeuge der Kultur anzueignen. Es geht den Kindern vielmehr darum, alle Gegenstände mit ihren Augen zu sehen, ihnen ihren Sinn zu verleihen – auch den Buchstaben.

Wenn sie nun die kleinen Buchstaben den Großbuchstaben zuordnen sollen, dann sucht z. B. das Kleinkind-„a" weinend das Mama-„A" und dann freuen sich beide, wenn sie sich gefunden haben. Die Kinder wechseln von heute auf morgen zum Rollenspiel. Die Schriftzeichen sind nun nur noch interessant in einem sinnvollen Zusammenhang auf der Stufe der Symbolik, das heißt als sprechende Bilder.

Lesen und Sprechen

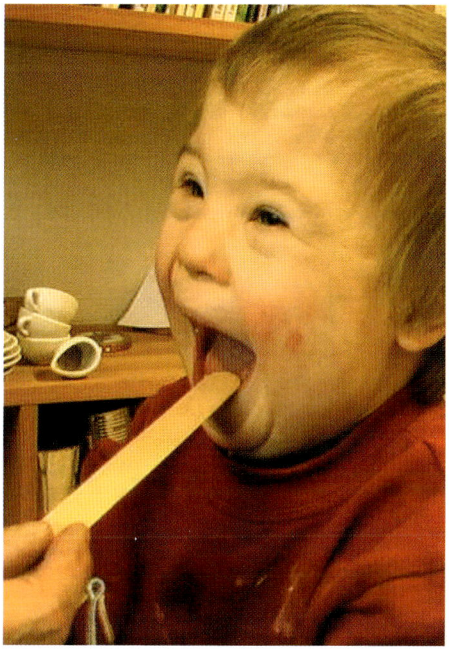

A A A

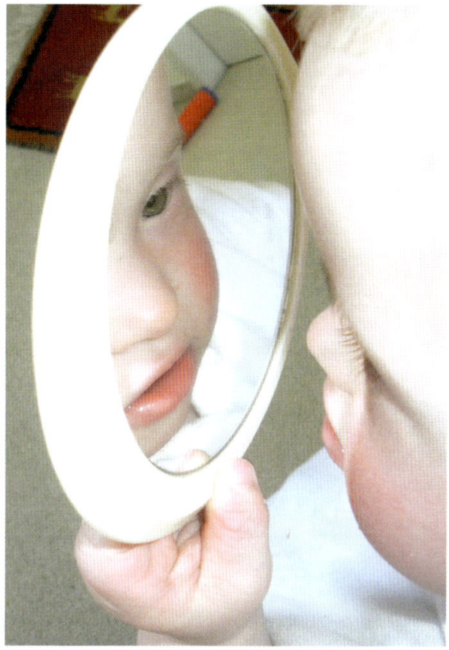

H H H

F F F

Z Z Z

D D D

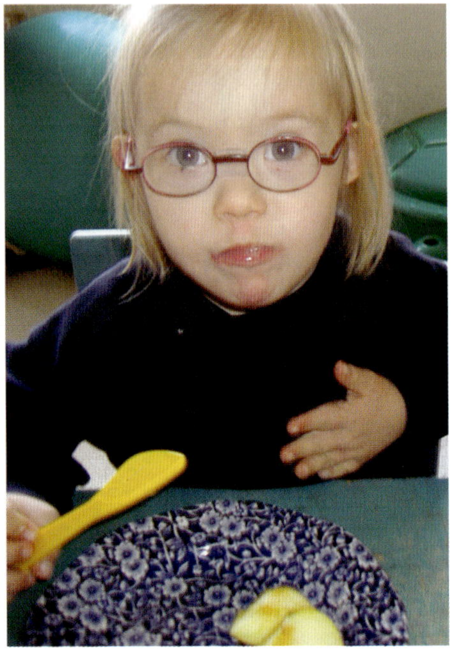

M M M

Bum Bum Bum

Hei Hei Hei

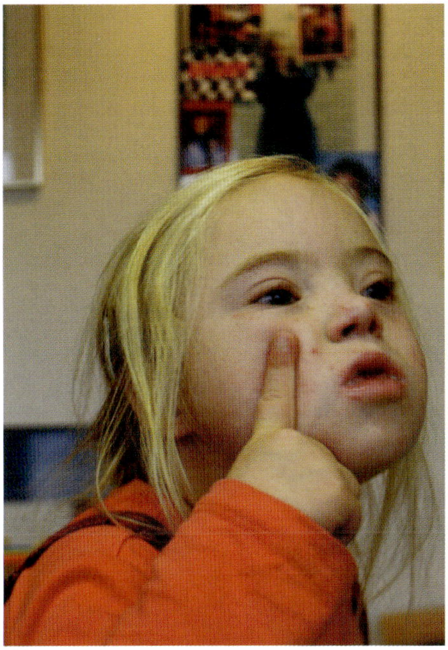
N N N

T T T

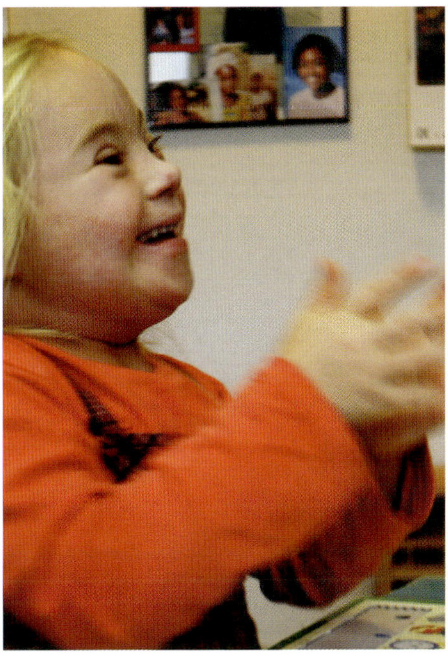
Gut gemacht

O O O

Guck Guck Guck

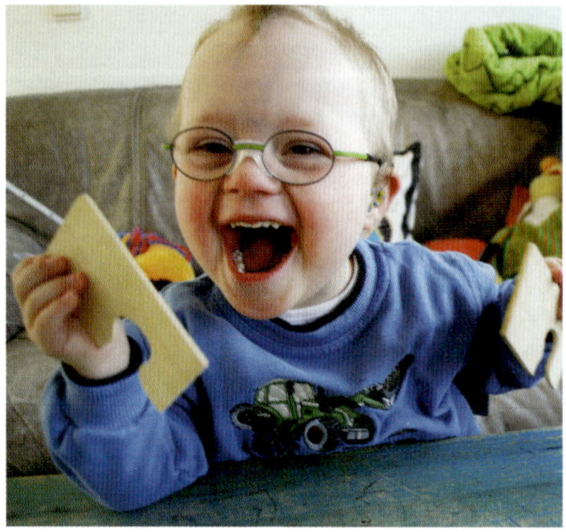

Ha Ha Ha

Was ist das?

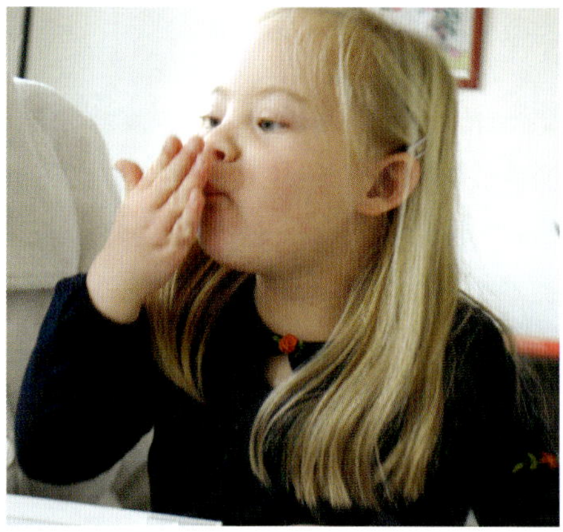

B B B

Ernie Ernie

Ham Ham Ham

Sss Sss Schwan

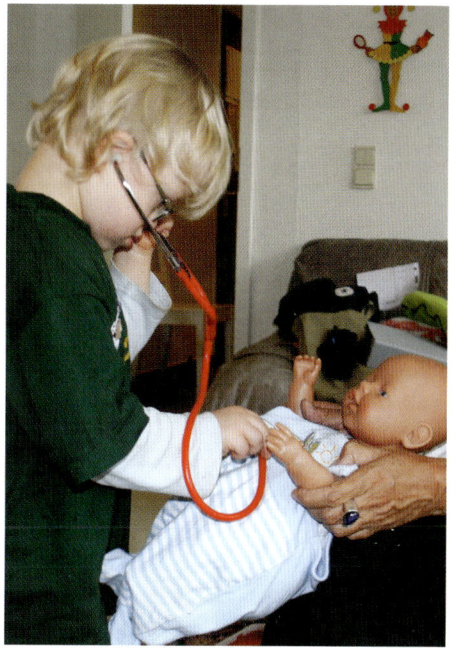

Baby

Igel

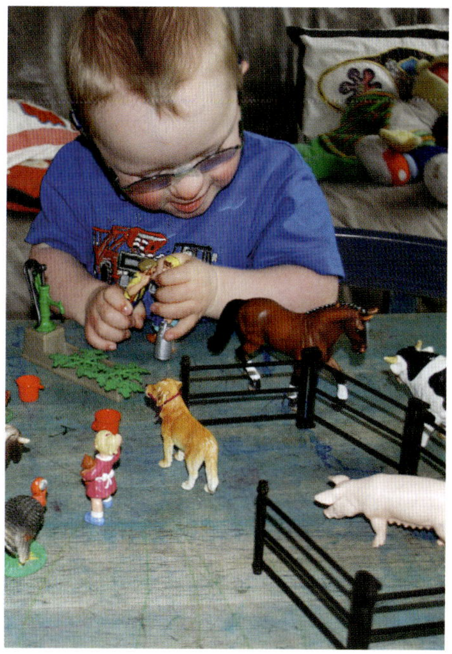

Pferd

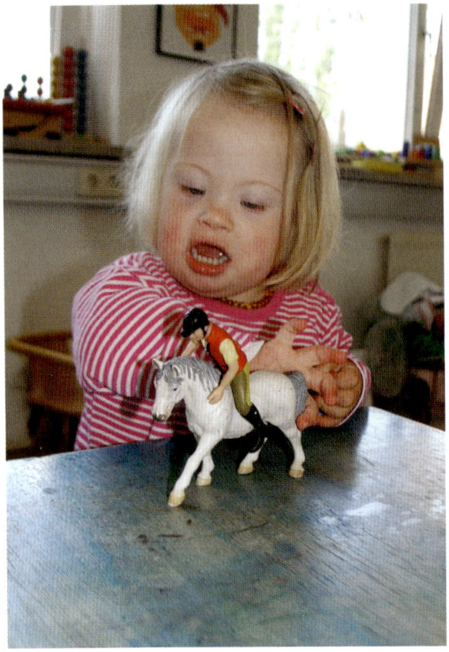

Pfääd

H H Hi Hi

K K Kaa

M M M

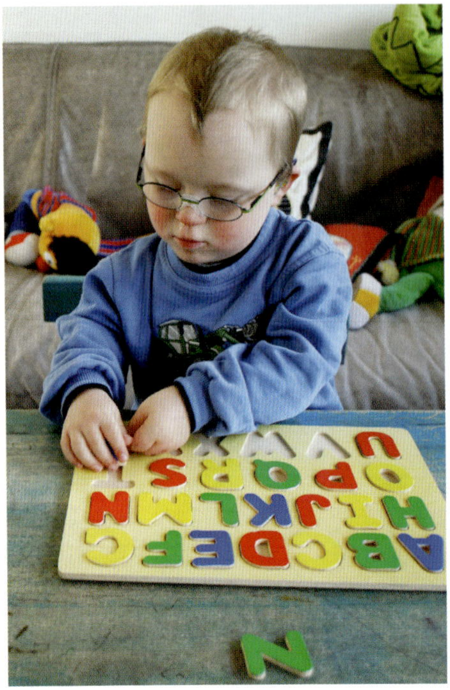

SONNE
EIS
BOOT

EI
KÄSE
BROT

Zaun
Nest
Baum
Vogel
Igel

PAPA
PAP_

Selbst der Fuchs rennt
ihm nicht hinterher. Er jagt
nur Hasen mit Ohren.

MANDARINE
BIRNE

Die psychologische Entwicklung verläuft nicht linear, sondern im Sinne einer psychischen Metamorphose[30] von einer psychologischen Entwicklungsstufe auf die nächst höhere. Kinder sind in der Regel im ersten Schuljahr sechs oder sieben Jahre alt, dennoch können sie auf unterschiedlichen psychologischen Altersstufen stehen.
Die psychische Struktur des Kleinkindes unterscheidet sich qualitativ von der psychischen Struktur des Vorschulkindes und die wiederum unterscheidet sich von der des Schulkindes.
Das Kleinkind sehnt sich nach dem Werkzeuggebrauch seiner kulturellen Umgebung, das heißt nach den Kulturgegenständen des täglichen Lebens und nach dem geistigen Werkzeug Sprache.
Das Vorschulkind drückt seine Sehnsüchte im Rollenspiel und in Bildern aus.
Das Schulkind sehnt sich nach dem Erlernen der Kulturtechniken: dem Lesen, Rechnen und Schreiben.
Eine Leseeinheit fasst also alle Stufen der Ontogenese zusammen und ermöglicht so, dass Kinder unterschiedlicher psychologischer Altersstufen gemeinsam lesen lernen können.[31]
Daher ist die Fibel so aufgebaut, dass jede Leseeinheit allen psychologischen Entwicklungsstufen der Ontogenese entspricht.

Den psychologischen Kleinkindern entspricht das Lesen der Buchstaben:

Handlung: Das Kind pustet die Kerze aus. Es lautiert: „F".

Symbol: Das Kind hebt das Abbild der Handlung (z. B. mithilfe eines Fotos) als inneres Bild im Kopf auf und trägt es mithilfe der Handgebärde, die auf die Ausgangshandlung verweist (das Kind pustet gegen den Zeigefinger), in das Körperselbstbild ein.

Zeichen: Das Kind bezeichnet die Handlung mit dem Laut (Phonem) und schreibt den Buchstaben (Graphem).

30 Wygotski, L. S. (1987). Ausgewählte Schriften Band 2. Köln: Pahl-Rugenstein Verlag

31 Manske, C. (2004). Entwicklungsorientierter Lese- und Schreibunterricht für alle Kinder. Die nichtlineare Didaktik nach Vygotskij. Weinheim und Basel: Beltz Verlag.

Aufbau der Lesefiebel

Das Lesen der sinngebenden Laute in der Einheit von Handlung – Symbol – Zeichen

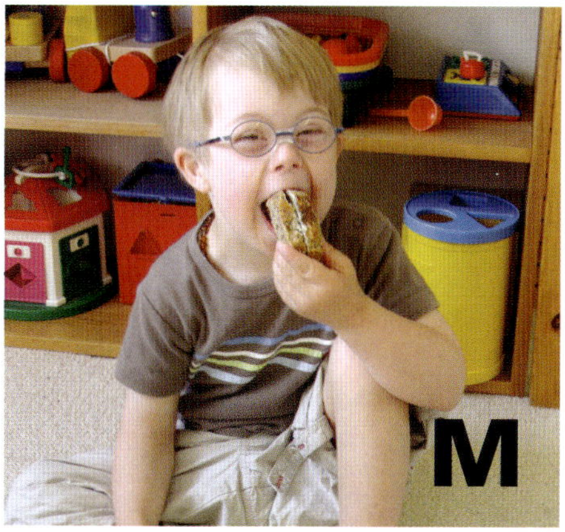

Das Lesen der im Comic aufgehobenen Lautsprache

Das Lesen der Schriftsprache

Ernie isst einen Apfel.

Den psychologischen Vorschulkindern entspricht das Lesen der gesprochenen Sprache:

Die Kinder werden bei Rollenspielen fotografiert und gestalten **Fotogeschichten**.

Sie gestalten **Comics** mithilfe von Miniaturen und eigenen Zeichnungen.

Den psychologischen Schulkindern entspricht die Grammatik der Schriftsprache:

Zuerst sind es Subjekt-Prädikatsätze: **Ernie isst.**

Dann kommt das Objekt dazu: **Ernie isst Eis.**

Danach folgt der Ort: **Ernie isst Eis auf der Straße.**

Später lernen die Kinder Adjektive, Adverbien, Präpositionen usw.[32]

Von den Lehrern werde ich oft gefragt, weswegen ich die Hand-Zeichen z. B. des Kieler Leseaufbaus nicht verwende.

„Diese Hand–Zeichen sind keine Symbole."

Sie sind abstrakte Zeichen, die in keinem Zusammenhang mit der Handlung stehen.

Die Kinder lernen unterschiedliche Zeichensysteme (Phoneme, Grapheme, Handzeichen), die sie oft verwirren.

Imke lernte die Buchstaben in unserer Praxis schnell. In der Schule hatte sie sie trotz intensiven Übens immer wieder vergessen.

Sie sagte auf dem Weg nach Hause zu ihrer Mutter im Auto: „Mama, jetzt weiß ich auch, warum unsere Lehrerin immer mit den Armen in der Luft gefuchtelt hat. Sie hat uns das nie erklärt."

Der Sinn der Handgebärden liegt in der eindeutigen *Symbolik*.

Imke, die als nicht bildbar galt, hat das Lesen auf diese Weise gelernt und konnte über den Besuch einer Förderschule den Hauptschulabschluss nachholen.

Nach unserer Erfahrung müsste es möglich sein, dass Kinder mit Trisomie 21 mit dieser Methode einen Schulabschluss erlangen könnten.

Nachdem die Kinder mithilfe der Lesefibel das Lesen gelernt haben, stellen sie eigene Bücher her. Danach lesen sie Kinderliteratur.

32 Manske, C., Rosentreter, K. „Unsere Fibel" Erscheinungsdatum 2011.

33 Dummer-Smoch, L., Hackethal, R. (2007). Kieler Leseaufbau. (...): Veris Verlag

Careems Zirkusbuch

Careem Ratnavira

Der Vorhang geht auf und Clown Frans kommt in die Manege.
„Hallo, ich bin Frans!“
Die Zuschauer rufen:
„Da ist Frans.“
Alle klatschen und lachen.

„Aufgepasst, jetzt kommen die Elefanten und der König!“
Clown Frans trommelt und die Elefanten kommen in die Manege.
König sagt: **„Hoch – Hoch, Alle Hopp!“**
Der Elefant macht einen Rüsselstand.
„Bravo, Bravo!“ rufen die Zuschauer.

Der Vorhang geht auf und Dompteur Hande mit seinen Pferden kommt. Hand kanllt mit seiner Peitsche.
Die Pferde gallopieren im Kreis.
„Ja, ja, sehr gut!“ sagt Hande.

Jetzt sind die Zebras und die Giraffen an der Reihe.
„**Hoppsala!**“ ruft der Dompteur und die Zebras stellen sich auf die Hinterbeine.
Die Zuschauer klatschen und jubeln: „**Ja, super!**“

Clown Frans legt den Finger auf den Mund:
„**Achtung, Achtung, jetzt kommen die Löwen und die Tiger!**“
Der Löwe knurrt: „**Grrrr!**“
Der Dompteur knallt mit der Peitsche und ruft: „**Tiger – spring! Alle hopp!**“
Der Tiger springt durch den Feuerreifen.

Applaus, Applausfür Dompteur Kevin, die Eisbären und die Pinguine.
„**Eisbären – klettert auf die Wippe!**“
„**Los, Hopp!**“
„**Pinguine – klettert auf die Eisbären!**“
„**Bravo!**“

Careem liebt Zirkus. Frau Neumann spielt mit ihm Zirkus. Sie fertigt mit ihm ein Lesebuch über die gespielten Zirkusnummern an. Auf der einen Seite ist die Arena dargestellt wie ein Comic. Auf der anderen Seite steht der Text, den Careem nun auch mit der Mutter zu Hause gern und fließend liest.

Interview Colljas Mutter mit Frau Manske

M: Worüber möchten Sie sprechen?

> Collja konnte schon ganz früh in der Schule die Buchstaben benennen, aber es ging einfach nicht weiter. Er buchstabierte, buchstabierte und buchstabierte, und irgendwann habe ich gedacht: „Du meine Güte, der Junge ist 15. Er kann immer noch nicht lesen. Es kann nicht sein, dass er es nicht mehr lernt." Diese Sorge habe ich der früheren Erzieherin von Collja erzählt. Die hatte glücklicherweise von Ihnen gehört, und dann haben wir glücklicherweise hier einen Platz bekommen. Und jetzt ist das Lesen wesentlich besser geworden.

M: Wie war denn die Einstellung der Lehrer?

> In der Schule war es so, dass Collja beim Übergang zur 9. Klasse einen neuen Lehrer bekam. Der sagte: „Ja, was Hänschen nicht lernt, lernt Hans nimmer mehr." Die anderen Lehrer reagierten eher sehr reserviert und sagten: „Es ist ihm eben nicht möglich."
> Einerseits habe ich selber ein schlechtes Gewissen. Ich habe so das Gefühl, ich habe Jahre verschlafen, ich habe nicht aufgepasst und ihn dadurch in seiner Entwicklung wahnsinnig behindert. Andererseits bin ich wütend. Eigentlich bin ich ja seine Mutter und nicht seine Lehrerin. Ich bin wie selbstverständlich davon ausgegangen, dass das Lesen und Schreiben Sache der Schule ist.

M: Was hat sich nach dem Besuch in der Praxis geändert?

> Wir üben zu Hause täglich – außer am Wochenende. Am Anfang war das sehr schwierig und mühselig. Da hat ein kleiner Text mit zwei bis

drei Sätzen eine halbe bis dreiviertel Stunde gedauert. Das erliest sich Collja jetzt schon in fünf bis zehn Minuten – je nachdem wie schwierig der Text ist. Wir können jetzt auch schon kleine Geschichten und Bücher zusammen lesen.

13. Die Kinder lernen die Schreibschrift

Nach unserer Erfahrung schreiben Kinder mit Trisomie 21 in der Regel in der Schule in Druckschrift. Das benachteiligt sie bei Klassenarbeiten. Die fließende Handbewegung der Schreibschrift steuert den Fluss der Gedanken. Der Fluss der Gedanken wird durch die Druckschrift ständig aufgehalten und unterbrochen.

Wir beginnen bereits im Vorschulalter mit den Schwungübungen, die für die Schreibschrift grundlegend sind. Die Kinder malen zunächst mit uns gemeinsam die Schwungübungen nach einem passenden Lied in die Luft. Rhythmus und Takt der jeweiligen Lieder hilft den kleinen Dirigenten den Taktstock zu schwingen.

Auf diese Weise lernen sie Kreise, Spiralen, Schleifen, Wellen, Arkaden und Bögen. Wir haben mit ihnen z. B. nach folgenden Liedern geübt.

Hänschen klein, ging allein, in die weite Welt hinein

Schneeflöckchen, Weißröckchen

Schnecke, Schnecke, komm heraus. Strecke deine Fühler aus.

Rund herum und rund herum.

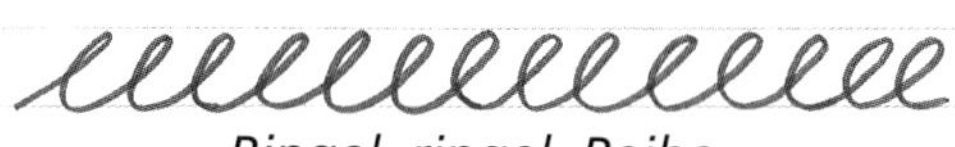

Ringel, ringel, Reihe.

Alle meine Entchen.

Schreiben

Hund Ban Zu schnuppert in der Luft.
Es riecht gut, es riecht nach kuchen
Er rennt in den Garten.
Er schnuppert hinter
Er findet

BAUM
GRAS
BALL
EI

frisch

E
R
E
E
B
D
R
E

ERDBEERE
ERDBEE_

Natürlich gibt es viele weitere Möglichkeiten, auf diese Weise mit den Kindern die Schreibschrift vorzubereiten. Wenn sie die Grundformen können, fällt es ihnen nicht mehr schwer, mit der Schreibschrift zu beginnen.

14. Der entdeckende Unterricht

Diese Kinder lernen in der Einheit von Erfahrung, Symbolisierung der Erfahrung in Form von Abbildungen und Bezeichnung der Erfahrung in Form von Sprache, Formeln oder Schemata. Sie lernen grundsätzlich in der Einheit beider Hirnhemisphären. Wenn das Bezeichnete das Erfahrene reflektiert, strahlen ihre Augen. Sie sind offen für Entdeckungen, sie sind taub für nicht kontrollierbare Vorschriften. Insofern könnten die Kinder für jeden Lehrer ein Spiegel sein, der ihm vermittelt, ob sein Unterricht mit gemeinsam geteiltem Sinn gesegnet ist.

14.1 Zauberei ist keine Hexerei

Zauberei verzaubert. Harry Potter schlägt alle Kinderbuchrekorde.
Ein Clown bringt sein Publikum zum Lachen, selbst wenn seine Botschaft tragisch ist.
Ein Zauberer versetzt sein Publikum in Staunen. Er zeigt, dass sein kann, was doch nach allen Erfahrungen überhaupt nicht sein dürfte.
Die Kinder unserer Praxis wollen zaubern können. Sie sind keine Hexer. Das merken sie schnell. Wenn sie sagen: „Hex, Hex, ein Hase springt aus dem Hut", springt kein Hase aus dem Hut. Alle Versuche zu hexen, scheitern.
Warum ist ein Zauberer erfolgreich? Ein Zauberer muss lernen. Ein Zauberer muss die Zauberkästen studieren. In unserer Praxis haben wir zurzeit drei Zauberkästen. Das sind reine Fundgruben, um andere Menschen in Erstaunen zu versetzen. Jeder gelungenen Darbietung liegt eine Geschicklichkeitsübung, eine physikalische oder chemische Gesetzmäßigkeit zu Grunde.
Jedem Experiment liegt ein Zauber inne.

Naturwissenschaftliches Experimentieren

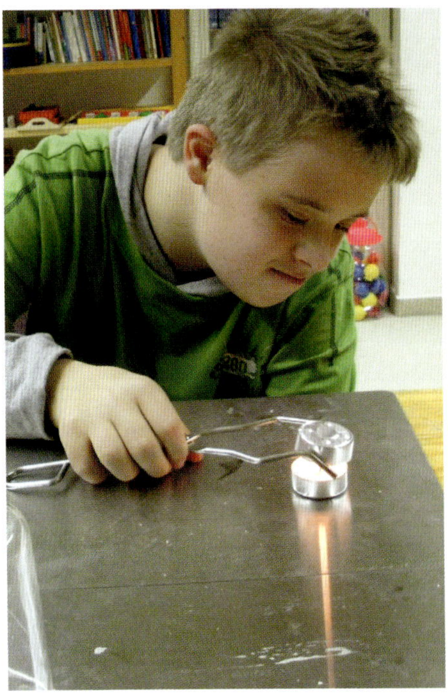

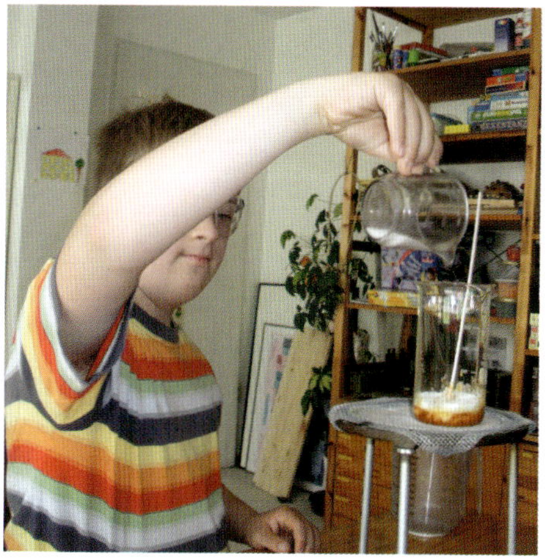

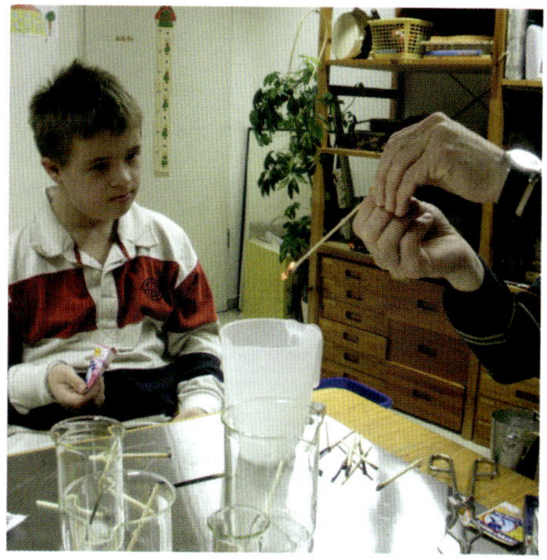

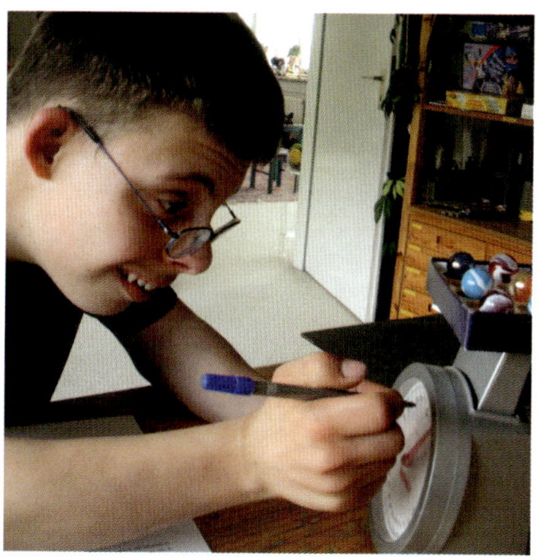

Timo und Collja tauchen ab in das Verständnis für die unsichtbaren Moleküle. Die unsichtbare Gesetzmäßigkeit erschließt sich ihnen sichtbar als ein gelungenes Experiment, das selbst die Erwachsenen in Staunen versetzt. Sie sind naturwissenschaftliche Forscher, denen das Erkennen der Grundlage allen Seins am Herzen liegt, und sie sind in der Lage, in der Rolle des Zauberers sich dem Erkennen zu nähern, die Gesetzmäßigkeit zu begreifen, mit staunender Bewunderung zu vermitteln und mit anderen Menschen zu teilen.
Collja lässt eine Münze in einer Schachtel verschwinden und er verblüfft die Zuschauer damit, dass er die Weintrauben in unterschiedlicher Höhe, oben, in der Mitte und unten, schwimmen lassen kann. Er hat die wissenschaftliche Erklärung im Kopf.

14.2 Timo entdeckt die Dichte des Wassers (*Autorin Almut Neumann*)

Das Wasser birgt viele Geheimnisse für ein Kind. Wenn es Stöcke ins Wasser wirft, schwimmen sie, Steine fallen bis auf den Grund. Aber wenn Papa den Stein wirft, hüpft er mehrmals auf dem Wasser wie ein Ball auf der Straße. Im Soleschwimmbecken in Lüneburg kann Karin schwimmen, sie wird vom Wasser getragen. Im Schwimmbecken draußen nicht. Auch kann Wasser zu Eis werden – ganz hart. Aber wenn es lange genug kocht, verschwindet es einfach. Timo hat mich gefragt: „Kann ein Stein schwimmen?" Üblicherweise werden solche Fragen der Kinder nicht ernst genommen. Sie erhalten Antworten, aber keine Erklärungen. Kinder mit Trisomie 21 erwarten keine Antworten wie: „Das weißt du doch, nein, natürlich nicht." Jede Frage der Kinder lädt uns zu einer Entdeckungsreise ein. Ich ließ mich auf Timos Frage ein. Da der Weg zur Elbe zu weit war, beschränkten wir uns auf kleinere Gewässer in tiefen Tellern, Vasen und Schüsseln, denn physikalische Gesetze sind überall gültig. Wir fingen an mit Material aus der Praxis, Kugeln, Büroklammern, Schlüssel, Lego, Radiergummi, Murmeln usw. Wir warfen die Dinge in unseren „Minisee" und beobachteten. Einige Gegenstände schwammen oben, andere sanken auf den Grund. Wir teilten sie in zwei Gruppen auf – schwimmt bzw. schwimmt nicht. Anschließen schauten wir uns gemeinsam die Gruppen an und suchten nach Gemeinsamkeiten und

nach Unterschieden zwischen den Gruppen. Timo entdeckte, dass in der einen Gruppe nur Dinge aus Metall und Gummi und in der anderen Dinge aus Holz und Plastik waren. Er stellte die Hypothese auf, dass Holz schwimmt und Metall untergeht. Wir überprüften dies sofort und suchten weitere Dinge aus Metall, die wir ins Wasser warfen. Es bestätigte sich – alle Teile aus Metall sanken auf den Grund, auch die leichte Büroklammer. Die schwere Holzkugel hingegen schwamm oben. Ich nahm eine Büroklammer und legte sie vorsichtig auf das Wasser – sie schwimmt. Timo staunt: „Kannst du zaubern? Wie geht das? Meine geht unter … deine schwimmt." Das findet Timo spannend. Wir nehmen die Büroklammer auf der Oberfläche des Wassers im wahrsten Sinn des Wortes unter die Lupe. Timo entdeckt die Wasseroberfläche: „Sie liegt obendrauf. Sie liegt oben auf dem Wasser... wie auf einer Haut." „Du hast recht. Diese Haut nennen die Physiker Oberflächenspannung." Ich erkläre Timo, dass Wasser aus ganz vielen Teilchen besteht, die wir mit unseren Augen nicht sehen können. Wir bauen uns ein Modell aus Knöpfen (Wasserteilchen) und Gummi (Kräfte zwischen den Teilchen).
Timo malt die Entdeckung auf und schreibt seine Erfahrung auf. Das Denken ist immer das Ergebnis der Einheit von einer Handlung, die mich interessiert, das Aufheben dieser Handlung im Bild und deren laut- und schriftsprachliche Bezeichnung. Timo fasst das Ergebnis der Stunde zusammen: „Jetzt wissen wir es, Wasser hat eine Haut."

In der nächsten Stunde lassen wir Pfeffer auf der Wasserhaut schwimmen. Timo versucht mit dem Finger ein Loch in die Haut zu machen, es funktioniert nicht. Das Loch schließt sich immer wieder. Timo fragt: „Wie geht die Haut kaputt?" Ich hole Spülmittel. Wir geben einen Tropfen ins Wasser. Timo traut seinen Augen nicht. Die Wasserhaut reißt kaputt. Als wir auf das entstandene Loch Pfeffer streuen, geht dieser sofort unter. Am Ende der Stunde hat Timo die Entdeckung gemacht: „Mit Spülmittel kann ich die Wasserhaut zerstören."

Zum Abschluss bekommt Timo die Aufgabe, einen Korken genau in der Mitte eines Glases schwimmen zu lassen. Drei Möglichkeiten sind vorgegeben. Timo fängt sofort an: „Das probiere ich mal aus. Zuerst pusten." Timo pustet und pustet, doch der Korken bleibt immer am Rand des Glases. Auch die zweite Variante, den Korken mit dem Finger in die Mitte zu schieben, klappt nicht. Der Korken treibt immer wieder an den Rand des Glases. Nun nimmt Timo die Spritze und füllt mit ihr noch mehr Wasser in das Glas

Schwimmt
TEE KEI
WATTE
PERLEN
KAKAU
Sinkt
SAND
STEINE
KNETE

Öl und Wasser

Du brauchst ein Glas
Öl
Wasser
einen Messbecher
einen Löffel.

1. Gieße 50 ml Wasser in das Glas. Benutze dazu den Messbecher.
2. Gieße 50 ml Öl in das Glas.
3. Nimm den Löffel und rühre kräftig um.

Jetzt beobachte was im Glas passiert.

DAS ÖL KLETTERT NACH OBEN.

Warum?

ÖL HAT EINE KLEINERE DICHTE AL WASSER.

Dichte

Jedes Material hat eine eigene Dichte. Die Dichte ist abhängig von den Teilchen im Material:

→ von der Anzahl der Teilchen
→ Gewicht der einzelnen Teilchen

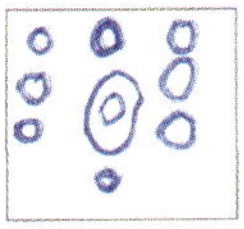

geringere Dichte

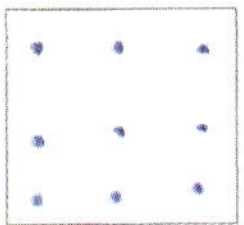

gleiche Anzahl, aber Teilchen sind leichter

höhere Dichte

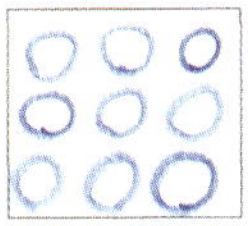

gleiche Anzahl, aber Teilchen sind schwere

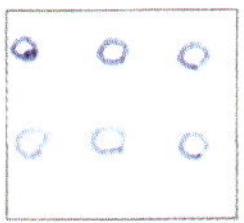

Teilchen haben das gleiche Gewicht, sind aber weniger

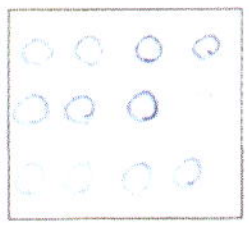

Teilchen haben das gleich Gewicht, sind aber mehr

Warum hat warmes Wasser eine leichtere Dichte als kaltes Wasser?

Im kalten Wasser bewegen sich die Wasserteilchen (Moleküle) langsam.

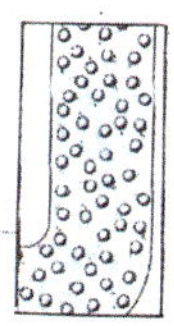

Im warmen Wasser bewegen sich die Moleküle schnell.
Die Moleküle brauchen mehr Platz.

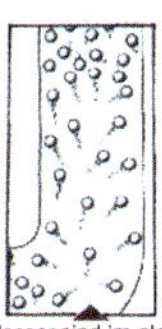

→ Im Vergleich:
Im warmen Wasser sind im gleichgroßen Raum weniger Teilchen.

→ Darum hat warmes Wasser eine geringere Dichte als kaltes Wasser.

bis der Korken in der Mitte schwimmt. Wir schauen uns das Glas genau an. Timo nimmt wieder die Lupe und sucht nach der Erklärung. Er schaut mich grinsend an und sagt: „Da ist ein Berg, ein Wasserberg. Der Korken schwimmt auf dem Berg."

Timo hat die Entdeckung gemacht: „Die Oberflächenspannung von Wasser ist so stark, dass sich Wasser zu einem Berg aufwölben kann." In den nächsten Stunden gingen wir der Frage nach: „Warum schwimmt Holz und warum geht Metall unter?" Wir nehmen Filmrollen von gleicher Größe und füllen sie mit unterschiedlichen Stoffen (Watte, Sand, Perlen, Knete, Reis, Tee, Steine usw.). Timo lässt die Dosen ins Wasser fallen und notiert jedes Ergebnis - schwimmt bzw. geht unter. Anschließend schauen wir uns die Ergebnisse genau an, und Timo stellt die Hypothese auf, dass alle schweren Dosen untergehen und alle leichten oben schwimmen. Sofort überprüfen wir seine These mit einer Waage und tatsächlich, die untergegangenen Dosen waren schwerer als die schwimmenden. Nun hat Timo die Idee alles gleich schwer zu machen, so dass alle Materialien entweder oben oder unten im Wasser sind. Wir packen jeweils 21 g der Stoffe, die wir auch vorher verwendet hatten, in kleine Tüten. Wir staunen, als wir sie ins Wasser werfen, das Ergebnis ist wie im ersten Versuch: „Sand geht wieder unter, Watte schwimmt weiterhin oben, obwohl beide Tüten 21 g wiegen." Timo wird nachdenklich: „Hä, alles gleich schwer, alles muss gleich schwimmen ... aber schwimmt oben und unten ... wie geht das?"

Ich hole das Physikbuch. Wie auch das Wasser besteht jeder Stoff aus Teilchen. Wir benutzen eine Kiste mit Murmeln als Modell. Die Murmeln sind die Teilchen in dem begrenzten Raum der Kiste. Wir variieren die Anzahl bzw. die Größe der Teilchen und erhalten jedes Mal ein anderes Gewicht. Timo entdeckt: „Jedes Material hat ein eigenes Artgewicht – seine Dichte!" Wir ergründen nun die Dichte von unterschiedlichen Materialien. Wir bleiben nicht nur bei festen Stoffen, sondern erforschen auch verschiedene Flüssigkeiten, wie Wasser, Sirup, Öl, Honig, Tinte usw.

Timo macht die Entdeckung: „Auch Flüssigkeiten haben ein eigenes Artgewicht." So hat z. B. Öl eine geringere Dichte und Honig eine größere Dichte als Wasser. Nachdem Timo Erfahrungen mit unterschiedlichen Dichten von Stoffen gemacht hat, stellte ich Timos Erkenntnisse mit einem weiteren Experiment in Frage.

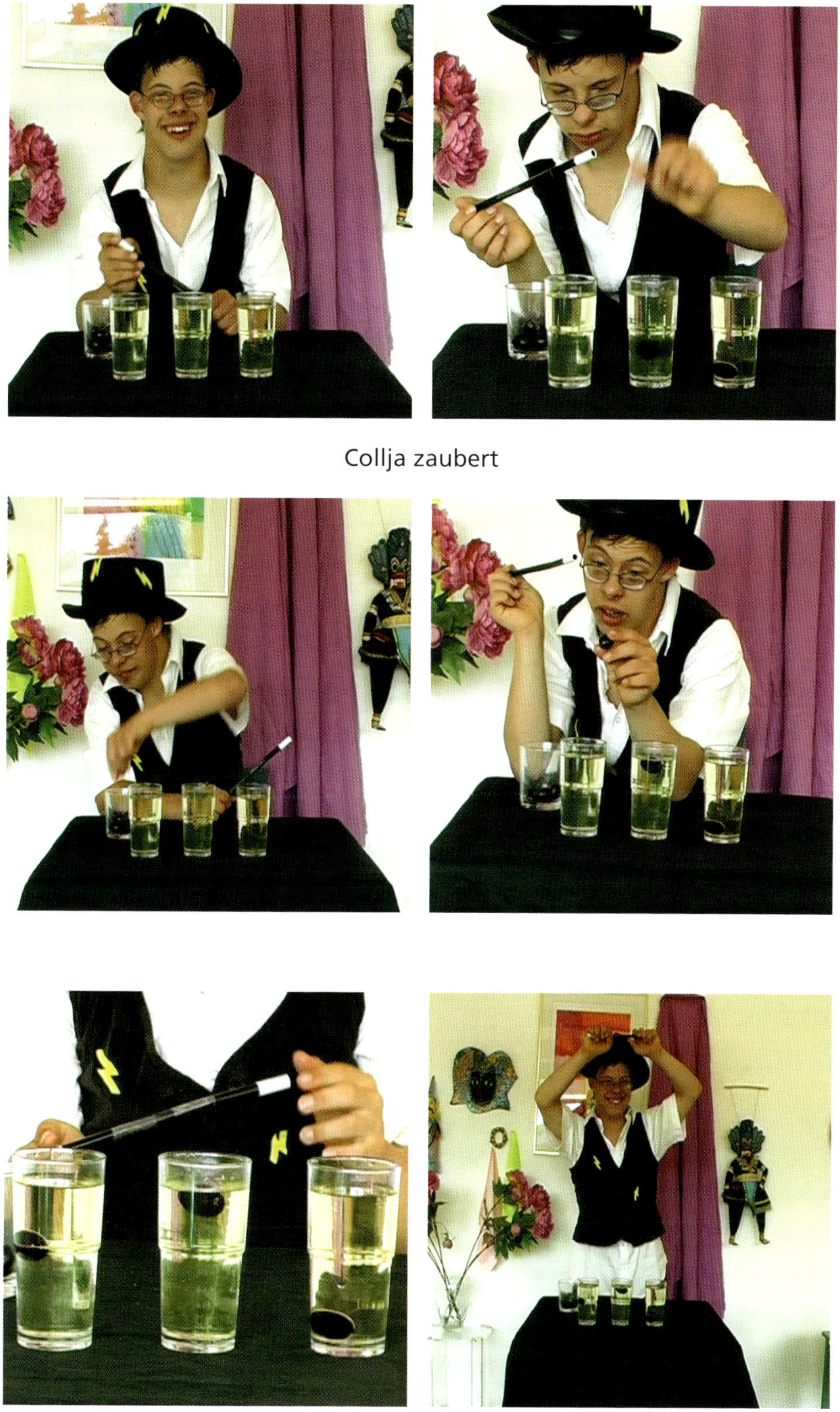

Collja zaubert

Wir nehmen nur noch einen Stoff – nämlich Wasser – einmal heiß und einmal eiskalt. Timo füllt jeweils das heiße und das eiskalte Wasser in Luftballons und lässt diese dann in eine große Vase mit Wasser (Raumtemperatur) fallen. Der Ballon mit dem kalten Wasser sinkt sofort auf den Grund der Vase und der Ballon mit dem heißen Wasser bleibt oben. Timo ruft sofort: „Warmes Wasser... leichte Dichte.... schwimmt oben..... kaltes Wasser ... schwere Dichte ist unten." Zur Erklärung nehmen wir uns wieder das Physikbuch. Wir wussten bereits, dass Wasser aus Teilchen besteht. Wir lesen, dass im kalten Wasser die Teilchen sich langsam bewegen, im warmen Wasser schneller. Wir probieren es gleich am Modell aus.
Timo entdeckt: „Wenn sich die Teilchen schneller bewegen, brauchen sie mehr Platz und die Menge der Teilchen in einem bestimmten Bereich nimmt ab. Somit hat warmes Wasser eine leichtere Dichte als kaltes Wasser."
Abschließend konfrontiere ich Timo mit einem Zaubertrick.
Ich stelle drei Gläser mit gelber Flüssigkeit auf den Tisch. Äußerlich sehen sie völlig identisch aus. Jetzt nehme ich drei Weintrauben und verzaubere sie. Ich sage jeder Traube, wie sie sich im Glas verhalten soll – schwimmen, untergehen bzw. in der Mitte des Glases schweben. Die Trauben verhalten sich dementsprechend. Timo staunt – dann breitet sich ein Grinsen auf seinem Gesicht aus. „Das hat was mit der Dichte zu tun!" Er probiert mit dem Finger die einzelnen Flüssigkeiten. „Salzwasser große Dichte ... Öl kleine Dichte", ruft er strahlend. Timo nimmt mir den Zauberstab aus der Hand und wiederholt den Trick. Doch damit nicht genug. Er steht auf und holt sich einen Krug mit Leitungswasser. Er nimmt das Glas mit dem Salzwasser und verkündet: „Jetzt lasse ich die Traube untergehen!" Collja wendet dieses Wissen als Zauberer auf seiner Geburtstagsfeier an. Alle Gäste staunen.

14.3 Marvin entdeckt das Geheimnis des Feuers (*Autor Frank Heinrich*)

Marvin hat mit dem Entzünden einer Flamme bereits mit vier Jahren Erfahrung gemacht, als er das Z als Sinn gebenden Laut lernte. Er wollte nicht aufhören, ein Streichholz zu entzünden. Er wollte es wirklich wissen, ob es ihm immer und immer wieder gelingt. Er sagte leise zu sich selbst: „Ich kann das, ich kann das."

Marvin...

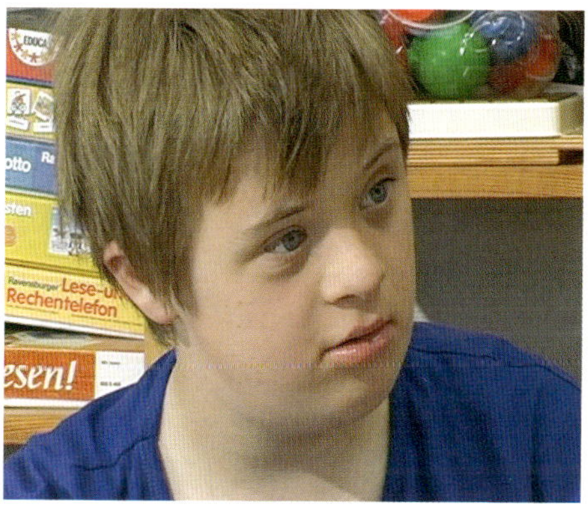

...entdeckt...

...das Feuer.

Als wir im naturwissenschaftlichen Unterricht den Brenner entzündet hatten, wiederholte sich sein Interesse am An- und Ausmachen des Feuers. Er atmete beruhigt auf, dass die Flamme erlosch, wenn er wie beschwörend leise: „Aus, aus!" flüsterte, während er mit der Hand die Gaszufuhr drosselte. Vor der großen Flamme saß er wie erstarrt, sie machte ihm Angst, weil er sich nicht sicher war, ob er sie beherrschen konnte.
In einer Unterrichtsstunde ging es um die Unterscheidung von brennbaren und nichtbrennbaren Materialien. Marvin wollte nur die nicht brennbaren ins Feuer halten, die brennbaren überließ er mir.
Wenn ich die Materialien wie z. B. Papierschnipsel oder Holzspießchen verbrannte, flüsterte er mir zu: „Gefährlich."
Marvin hatte nun gelernt, das Feuer zu entzünden, zu entfachen und danach auf verschiedene Weise zu löschen. Nun sollte er lernen, wie die Urmenschen sich das Feuer für ihr Überleben in der Wildnis zunutze gemacht haben. Marvins Lieblingslektüre zu der Zeit war das Dschungelbuch.
Der Affe King Louis fragt Mogli: „Was ist das Geheimnis des Feuers?"
Mogli möchte gern antworten, aber er kennt das Geheimnis nicht. Das kennen Menschen aus der Menschensiedlung. Dort war Mogli noch nicht. Mogli weiß aber, dass alle Tiere des Dschungels das Feuer fürchten. Auch Shir Khan, der vor nichts anderem Angst hat. Als Mogli sieht, wie ein Blitz einen Baum in Brand setzt, weiß er, wo das Feuer herkommt. Ihm kommt eine Idee. Shir Khan rettet sich vor dem Feuer, wenn er flieht. Mogli kann sich nur vor Shir Khan retten, wenn er sich das Feuer holt, ohne selbst zu verbrennen.
Es muss ein kleines Feuer sein, das er beherrschen kann. So überwindet er seine Angst. Er geht auf das Feuer zu, greift einen langen Ast und entzündet ihn. Nun entdeckt er die Gewalt des Feuers. Er wird überwältigt von der Schönheit der Flammen, er spürt die brennende Hitze auf seiner Haut und den beißenden Rauch in seiner Nase. Er hört das Knistern, wenn das Feuer seinen Ast verschlingt.
Mogli hat großen Respekt vor dem Feuer. Er hält das Feuer weit von sich weg und lässt es nicht aus dem Blick. Mit dem Feuer in der Hand ist er nun stärker als Shir Khan. Jetzt kann der Kampf beginnen. Mogli vertreibt Shir Khan.
Damit Marvin den vorgelesenen Text empfinden, innerlich sehen, erinnern und nach- erzählen kann, erarbeiten wir ihn zunächst handelnd mit Minia-

turen. Ich hatte ein mit Sand gefülltes Backblech und eine Schale mit Wasser auf den Tisch gestellt. Aus Holzspießen und Holzwolle haben wir Bäume gemacht. Außerdem hatten wir die Spielfiguren Mogli und Shir Khan.
Nun beginnt das Geschehen. Marvin entzündet, wie der Blitz, einen Baum. Marvin sagt:
„Alle Bäume brennen."
Marvin entzündet alle Bäume. Nun setzt Marvin Shir Khan in das Feuer. Das Böse soll verbrennen, damit Mogli nicht gefressen wird. Nun erarbeiten wir Satz für Satz, was genau passierte. Marvin bindet einen Ast, den er entzündet, an Shir Khans Schwanz. Zum Glück erlischt der Streichholzast, bevor Shir Khan Feuer fängt.

Danach wird der Text auf der bildhaften Ebene erarbeitet. Mithilfe von unvollständigen Zeichenvorlagen hatte Marvin die Möglichkeit, die Geschichte bildnerisch auszumalen. Er malt den Einschlag des Blitzes in den Baum, wie der Baum Feuer fängt, wie er Shir Khan den brennenden Ast an den Schwanz bindet. Außerdem schreibt er zu den jeweiligen Bildern den passenden Text.

Nach dieser Vorarbeit zeigt er das Verlangen, diesen Abschnitt des Dschungelbuchs selbst zu lesen. Er nimmt das Buch in die Hände und sagt: „Jetzt lese ich vor."
Er liest mit richtiger Betonung. Er hält nach jedem Satz inne, schließt die Augen für einen Augenblick, als konstruiere er vor seinem inneren Auge den Ablauf des Geschehens. Er liest mit strahlenden Augen und einem Lächeln im Gesicht.

15. Grundsätze eines adäquaten Unterrichts

15.1 Allgemeine Überlegungen

„Ein adäquater Unterricht für diese Kinder ist nur mit ihnen gemeinsam zu entwickeln"

Er kann nicht vorab konstruiert werden. Ziel des Unterrichts muss es sein den Kindern einen Schulabschluss zu ermöglichen, so dass sie je nach Begabung einen Sonderschul-, Hauptschul-, Realschulabschluss oder Abitur machen können. Nach zwanzig Jahren gemeinsamer Forschung mit den Kindern haben wir für die Entwicklung eines adäquaten Unterrichts folgende Erkenntnisse gewonnen.

„Menschliche Entwicklung als Metamorphose"

Jedes Kind entwickelt sich in gemeinsam geteilter Tätigkeit im Sinne der psychischen Metamorphose von einer psychologischen Entwicklungsstufe auf die nächst höhere. Menschliche Entwicklung verläuft nicht linear in kleinen Schritten. Das gilt für jedes Kind ohne Ausnahme. Die von VYGOTSKIJ beschriebenen psychologischen Altersstufen sind für das Verständnis der Kinder und die Gestaltung des Unterrichts als Orientierungsgrundlage hilfreich.

„Lernen findet in der Zone der nächsten Entwicklung statt"

Unterricht bedeutet, dass ein Kind mithilfe eines anderen lernt das zu tun, was es gern tun möchte aber, was es alleine noch nicht kann. Alles andere ist nicht Unterricht. Adäquater Unterricht spiegelt die inneren Tendenzen der Kinder, bringt sie in Erscheinung und hilft ihnen dem eigenen unbewussten Drang zu folgen, diesen tätig umzusetzen und zur Sprache zu bringen.

„Wir dürfen alles mit einem Kind üben, nur nicht das, was es nicht kann“

Wenn wir einem Kind einen Gegenstand wie der Volksmund sagt: „Neunundneunzig Mal“ ohne Erfolg erklärt haben, war es achtundneunzig Mal zu oft.
Wir gehen davon aus, dass jedes Kind lernen möchte, um sich zu entwickeln. Wenn ein Kind mit unseren verbalen Erklärungen nichts anfangen kann, dann müssen wir eine Verständigung ermöglichen.
Wenn ein Kind zum Beispiel eine Aufgabe noch nicht im Kopf rechnen kann, müssen wir ihm die Möglichkeit geben diese Aufgabe wie folgt zu lösen:
Zuerst über die Handlungen mit Gegenständen, dann über die Abbildungen und zum Schluss über die laute Sprache, die sich zur inneren Sprache umwandelt. So bilden sich die geistigen Handlungen. Mithilfe einer früheren Entwicklungsstufe kann eine spätere Entwicklungsstufe in Gang gesetzt werden. Ebenso kann mithilfe einer späteren Entwicklungsstufe eine frühere kompensiert werden. Wir haben die Erfahrung gemacht, dass einige dieser Kinder das fehlende funktionelle System Lautsprache mithilfe des funktionellen Systems Schriftsprache bilden konnten. Dieses Vorgehen ermöglicht den Lehrern Handlungsperspektiven, die sie optimistisch stimmen unabhängig davon, ob ein Kind sofortige Lernerfolge zeigt. Die Lehrer hören auf Kinder zu bewerten, sondern sie suchen nach Lösungen, deuten das Verhalten der Kinder und schätzen es.
Für den einzelnen Lehrer ist das ein kleiner Schritt, den er auf die Kinder zugeht, doch für die Kinder mit Trisomie 21 der erste Schritt zur Befreiung des Stigmas, von Geburt an geistig behindert zu sein.

„Es gibt immer einen Weg zur Lösung einer Aufgabe“

Alle Kinder wollen ihr Wissen unter Beweis stellen. Diese Kinder leiden darunter, dass sie in der Regel im integrativen Unterricht von den Klassenarbeiten ausgeschlossen werden.
Es ist die Aufgabe der Lehrer für alle Kinder Lösungsmöglichkeiten bereit zu stellen. Wenn die Kinder bei Rechenarbeiten die Aufgaben nicht im Kopf

lösen können, gibt er ihnen Arbeitsblätter, die die Aufgaben symbolisieren oder Gegenstände mit denen sie die Aufgaben handelnd lösen können. Wenn es Kinder gibt, die die Hilfe des Lehrers in Anspruch nehmen möchten, ist dies auch erlaubt.
Wenn die Kinder ein Diktat schreiben, hilft er ihnen mithilfe von Handgebärden die Wörter richtig zu schreiben. Kinder die noch nicht selbst schreiben können, dürfen das Diktat mithilfe von Plastikbuchstaben legen. Der Lehrer hilft ihnen dabei, fotografiert das so geschriebene Diktat und klebt es in das Heft für Klassenarbeiten.
Wichtig ist, dass alle Kinder am Ende den Text auf ihre Weise auf das Papier gebracht haben.

„Der Unterricht muss harmonisieren"

Diese Kinder lernen nur im sinnvollen Unterricht. Sie sind wach, wenn sie geschützt, akzeptiert und verstanden werden. Sie sind blockiert, wenn sie ungeschützt, nicht akzeptiert und nicht verstanden werden.
Jede Lernstunde beginnt daher mit einer gemeinsamen harmonisierenden Erfahrung, die alle Sinne anspricht und die Zelltätigkeit des Frontalhirns mobilisiert.
Die Kinder bilden einen Kreis und nehmen sich an die Hand. Sie singen, sie tanzen, sie klatschen, sie schunkeln, sie bedienen Musikinstrumente, sie berühren sich, sie schauen sich in die Augen, lachen sich an, kitzeln sich, hüpfen, sie kriechen übereinander, sie spannen sich an und entspannen sich. Es gibt ein vielfältiges Angebot von Bewegungs- und Berührungsspielen.
Kein Kind ist einsam, das Zusammensein ist lustvoll.
Wir haben als Kinder Ringelrein, der Plumpsack geht rum, ich bin eine kleine Schnecke, wir kommen aus dem Morgenland, die Engel werden gewogen usw. mit wahrer Hingabe und Begeisterung gespielt.

„Im Unterricht bilden sich stabile funktionelle Hirnorgane"

Neue Aufgaben werden als Handlung mit den Gegenständen lautsprachlich eingeführt.

Dann folgt das symbolische Darstellen der Handlung (Zeichnung, Pantomime), welches von der „Flüstersprache" begleitet wird. Danach folgt das Schematisieren der Handlung mithilfe der inneren Sprache, die sich als Denken verflüchtigt.
Diese Kinder sind darauf angewiesen, dass die Handlung der Sprache gerecht wird und dass die Sprache die Handlung so genau widerspiegelt wie möglich.
Wenn die Kinder oft genug auf diese Weise gelernt haben, zum richtigen Ergebnis zu kommen, werden diese einzelnen Schritte zunehmend verkürzt und laufen äußerlich automatisiert ab, doch sie können zu jeder Zeit entfaltet werden.

„Eine Unterrichtsstunde ist eine gemeinsame Entdeckungsreise"

Es werden Aufgaben angeboten, deren Lösung völlig offen ist. Die Kinder machen unterschiedliche Entdeckungen und bekommen die Möglichkeit diese zu kommunizieren. Jeder Lösungsweg und jede Entdeckung findet Anerkennung.
Jedes Kind, das sich um eine Lösung bemüht, wird geschätzt und gut bewertet.

„Das Arbeiten mit parallelen Texten"

Die Kinder bekommen in allen Fächern Bücher, die ihnen helfen den Lernstoff zu erarbeiten. Es ist notwendig, dass Kinder mit Trisomie 21 alle Texte in der Einheit von symbolischer Darstellung und Text erhalten. Die Bildseite vermittelt das Wissen und die Textseite entspricht der individuellen Fähigkeit im Schriftsprachengebrauch.
Wir haben in diesem Sinne vier Sachbücher erarbeitet:
„Die Fliege"
„Der Uhu"
„Das Fahrrad"
„Die Brille"

15.2 Der Unterricht muss der Entwicklung der Kinder entsprechen

Die Entwicklung vom Säuglings- bis zum Jugendalter verläuft bio-psycho-soziokulturell.

15.2.1 Die körperliche Entwicklung der Kinder:

Das Übergewicht ist ein Problem

In den Schulen für Kinder mit geistiger Behinderung beginnt der Unterricht in der Regel mit einem gemeinsamen Frühstück. Das führt dazu, dass diese Kinder, die ohnehin Gewichtsprobleme haben in der Regel zweimal am Tag frühstücken. Da die Kinder ohnehin in der Schule zum Mittag essen, bleibt zwischen den Mahlzeiten zu wenig Zeit für das Lernen.

Die gängigen Mahlzeiten wie z. B. Pommes, Pizza, Nudeln, Pfannkuchen entsprechen nach meiner Erfahrung den Essvorlieben der Kinder, sind ihnen aber nicht zuträglich. Sie führen zu Übergewicht. Dies wiederum belastet das Herz und die Gelenke. Die Kinder sind von vielen Aktivitäten ausgeschlossen, weil sie schnell ermüden und unbeholfen sind.

Eltern, Erzieher, Lehrer und Kinder sollten über gesunde Nahrung und gesundes Essverhalten informiert sein.

Der Mangel an Muskelpropriozeptoren ist ein Problem

Auf Grund eines Mangels an Muskelpropriozeptoren ist es für diese Kinder schwieriger motorische Abläufe zu steuern. Die Kinder stellen dies selbst fest: „Warum kann ich nicht so hinken auf einem Bein?" „Warum kann ich nicht so schön schreiben und malen?"

Für diese Kinder müsste Sport in der Schule Hauptfach sein und müsste täglich auf dem Stundenplan stehen. Aktivitäten wie „Gleichgewichtsübungen, Klettern, Gewichte heben, Ballspiele, Tanzen, Hindernisse überwinden, Schwimmen usw." helfen ihnen den Mangel an Muskelpropriozeptoren zu kompensieren.

Eltern, Erzieher, Lehrer und Kinder sollten über spezielle körperliche Fitness-Programme informiert sein. Sie sollten über spezielle Förderprogramme über die Herausbildung aller Sinne informiert sein.

15.2.2 Die psychische Entwicklung der Kinder

Der Unterricht muss den psychologischen Entwicklungsstufen entsprechen: Die Lehrer von Kindern mit Trisomie 21 sind auf ein Konzept angewiesen, das ihnen hilft mit diesen Kindern gemeinsam geteilt die Dominante der nächsten psychologischen Entwicklungsstufe herauszubilden.

Die Dominante – das Empfinden
Kinder, die noch wesentlich über die Haut kommunizieren, sollten im Kindergarten und in der Schule eine Möglichkeit bekommen sich in diesem Sinne auszudrücken.
Einseitige Stimulation, wie das Snozzlen, führt zur Reizüberflutung.

Möglichkeiten sind z. B.:

- Sie lassen im Sandkasten den Sand über ihre Arme und Hände rieseln.
- Sie aalen sich mit Vergnügen in bunten Plastikbällen eines Bällebads.
- Sie lassen sich auf einem großen Petziball schaukeln.
- Sie planschen in einem Planschbecken.
- Sie schmusen mit unterschiedlichen Stoff-, Holz-, und Plastikpuppen und Stoff-, Holz- und Plastiktiere.
- Sie wärmen sich mit den Wärmflaschen von Ernie und Bert.

Damit diese Kinder das bewusste Empfinden ihres Körpers und ihrer Umwelt im Unterricht nachholen können, ist es notwendig, dass die Lehrer und Erzieher die Möglichkeit bekommen, die Räumlichkeiten in diesem Sinne adäquat einzurichten.

Die Dominante – die Wahrnehmung
Die Herausbildung und das Zusammenwirken der fünf Sinne in der Einheit sollte die Aufgabe von Kindergarten, Vorschule und Schule sein. Lehrer und Erzieher sollten mit vielfältigen Werkzeugen, Materialien und Spielen gemeinsam geteilt mit den Kindern arbeiten.
Es ist notwendig, dass die unterschiedlichen Tätigkeiten sprachlich begleitet werden und die Synchronisation aller Sinne möglich wird. Nur so kommen die Gegenstände in ihrer Funktion ins Bewusstsein.

Die Herausbildung des bewussten Sehens:

- Die Kinder experimentieren mit einem Mikroskop, mit Lupen, mit einem Fernglas und unterschiedlichen Brillen.
- Sie fertigen eine Lochkamera im Physikunterricht und entwickeln Fotos.
- Sie erfahren im Biologieunterricht aus Lehrbüchern für Kinder alles über „das Auge".
- Kinder lernen zu zaubern. Sie lernen die Zuschauer zu täuschen.
- Die Kinder spielen „Blinde Kuh".

Die Herausbildung des bewussten Hörens:

- Im Deutschunterricht können sich die Schüler Hörbücher und Hörspiele anhören. Diese sind für die Herausbildung von Sprache und Phantasie geeigneter als Filme.
- Im Musikunterricht hören sie je nach Altersstufe Kinderlieder, klassische Musik, Beat, Rap.
- Vorschulkinder hören CDs, die unterschiedliche Umweltgeräusche wiedergeben, um diese zu erraten.
- Wir machen mit verschiedenen Musikinstrumenten selbst Musik.
- Die Kinder singen Lieder und tanzen.

Besonders wichtig ist es, dass sie das bewusste Kommunizieren lernen. Dafür ist das bewusste Zuhören notwendig:

- Erzieher und Lehrer sprechen langsam und deutlich.
- Sie vergewissern sich, ob die Kinder sie verstanden haben.
- Sie sind sich bewusst, dass die Kinder nur lernen ihnen zu zuhören, wenn sie ihnen selbst geduldig und gerne zuhören.

Die Herausbildung des bewussten Tastens:

- Im Kindergarten lernen die Kinder Begriffe wie „weich, fest, glatt, rau, klebrig, feucht, warm, kalt, trocken usw." mithilfe von Tastspielen und unterschiedlichen Haushaltsgegenständen wie z. B. Topfkratzer, Watte, Holzlöffel, Bürste usw.
- Als Schulkinder lernen sie im Biologieunterricht die Sinnesrezeptoren der Hände kennen.
- Sie machen sich unterschiedliche Temperaturen, Schmerzempfindungen und Lustempfinden bewusst.

- Kinder, die sich anderen Kindern nur mit Fäusten nähern können, lernen die Kontaktaufnahme mit flachen Händen.
- Wenn Kinder Zärtlichkeit in der Schule entwickeln, können sie in der Regel auf Gewalt verzichten.
- Streicheln ist immer gemeinsam geteilt.
- Auf einen Sandsack einzuschlagen ist immer einsam.

Die Herausbildung des bewussten Schmeckens:
- Im Kindergarten lernen die Kinder, bewusst zu schmecken. Sie kosten „süß, salzig, bitter und sauer" als Zucker, Salzstangen, Essiggurken und Bitterschokolade mit verbundenen Augen.
- Die Kinder lernen ein Gefühl für Hunger und Sattheit.
- Sie lernen, gesundes Essen selbst zu zubereiten.
- Sie erfahren, dass Obstsalat gesünder ist als Wackelpudding, Vollkornbrot gesünder als Chips und Tee gesünder als Coca Cola.
- Sie erfahren, wie unterschiedlich Völker speisen. Bei den Indianern ist es üblich, dass sie sich bei dem Tier, das sie verspeisen, bedanken.
- Es kommt nicht nur darauf an, was ein Kind isst, sondern mit welcher geistigen Haltung es isst.
- Die Kinder lernen, dass Essen eine kostbare Gabe ist.

Die Herausbildung des bewussten Riechens:
- Die Kinder erraten unterschiedliche Gegenstände, die im Klassenraum in kleinen Stoffsäckchen an einer Leine hängen wie z. B. Seife, Parfüm, Obst, Käse.
- Sie machen sich bei Unterrichtsgängen in der Stadt die Abgase ebenso bewusst wie den Geruch von Harz und Holz im Wald und den Duft unterschiedlicher Rosen im Rosengarten von „Planten und Blomen".

Bei der Aneignung der Umwelt werden immer alle 5 Sinne bewusst angesprochen.
Der Volksmund sagt: „Du musst immer alle fünf Sinne beisammen haben."

Die Dominante – das Gedächtnis

Die Herausbildung innerer Bilder:

- Im Kindergarten lernen die Kinder Versteckspiele. Sie verstecken abwechselnd sich selbst und lassen sich suchen.
- Im Kindergarten erinnern sich die Kinder im Rollenspiel, wie sich Arzt, Schaffner, Polizist, Pirat usw. benehmen.
- Nachahmung ist erinnern und bildet, wie das Malen von Bildern, das Gedächtnis.
- Erzieher und Lehrer sollten mit den Kindern Erfahrungsbücher in Form von Portfolios anfertigen. Gemeinsame Projekte werden als Mitschrift, als Aufzeichnung oder als Foto aufgehoben.
- Wenn sich die Kinder die Bücher anschauen, erinnern sie sich.
- Das externe Gedächtnis wird zum internen Gedächtnis.

Die Dominante – das Denken

Die Herausbildung geistiger Handlungspläne:

- Es ist für die geistige Entwicklung der Kinder wesentlich, dass sie selbstständiges Handeln lernen.
- Im Rollenspiel lernen Vorschulkinder, mit unterschiedlichen Schraubenschlüsseln eine Schatzkiste zu öffnen.
- Als Automechaniker reparieren sie ein Auto, als Maurer bauen sie die Nebelburg für die wilden Kerle.
- Sie lernen, sich im Verkehr regelrecht zu verhalten.
- Sie lernen, nach Rezept zu kochen.
- Sie lernen einkaufen und bezahlen.
- Im Werkunterricht lernen sie, mit Werkzeug zu arbeiten. Sie lernen, planvoll zu hämmern, zu schrauben, zu sägen, zu leimen.
- Als Logiker lösen Vorschulkinder und Schulkinder reine Denksportaufgaben.
- Die Denkkästen der „Nikitin Materialien ‚Musterwürfel' und ‚Logische Reihen'" oder „Rush Hour" machen den Kindern das Denken schmackhaft.
- Im Biologieunterricht lernen sie z. B. Oberbegriffe. Sie müssen Vögel, Fische, Reptilien, Amphibien und Säugetiere klassifizieren: „Ist ein Wal

ein Fisch oder ein Säugetier?", „Ist eine Fledermaus ein Vogel oder ein Säugetier?", „Ist ein Pinguin ein Vogel oder ein Fisch?" Es macht den Kindern Freude, ihre Entscheidungen logisch zu begründen.

15.2.3 Die soziale Entwicklung der Kinder

Nach unserer Erfahrung wird die soziale Situation für die Kinder, die trotz „Früherkennung" zur Welt kommen, von Tag zu Tag bedrohlicher.
Auch wenn es den Eltern gelingt ihren Schmerz und ihre Trauer durch liebevolle Hinwendung zu ihrem Kind verblassen zu lassen, machen Eltern und Kinder dennoch tagtäglich die Erfahrung, dass ein Kind mit Trisomie 21 kein Grund zur Freude ist.
Schon im Kindergarten erkennen die Kinder selbst, dass sie „anders" sind. Sie reagieren mit unterschiedlichen Schutzmechanismen.
Es wäre die Aufgabe der Kindergärten, mithilfe einer adäquaten Frühförderung den Kindern die aktive Teilnahme an allen Unternehmungen zu ermöglichen.
Es wäre die Aufgabe der Kindergärten, sie auf den Unterricht in der Regelschule vorzubereiten.
Es müsste die Aufgabe der Grundschule sein, den Kindern die erfolgreiche Teilnahme am Unterricht zu ermöglichen. Die Schulbehörde müsste das gemeinsame Lernen im Unterricht anstreben.

Es ist notwendig, für diese Kinder adäquate Lehrpläne und Förderprogramme zu entwickeln.
Es ist notwendig, adäquate Lehrbücher zu erarbeiten.
Es ist notwendig, für sie adäquate Lernmaterialien zur Verfügung zu stellen.
Es ist notwendig, einen Schulabschluss anzustreben.
Es ist notwendig, sie für die berufsvorbereitenden Fördermaßnahmen zu qualifizieren.
Das Stigma „geistig behindert von Geburt an" muss verschwinden.
Das Leiden dieser Kinder, Jugendlichen und Erwachsenen muss als soziales Problem anerkannt werden.
Ihr Leiden darf nicht banalisiert werden.

Die soziale Entwicklung ist diesen Kindern und Jugendlichen nur möglich, wenn ihnen der Zutritt zur Arbeits- und Freizeitwelt ermöglicht wird.

16. Was bedeutet für mich wissenschaftliches Arbeiten?

Die Intelligenz aller Kinder entspricht der Normalverteilung, solange die Normalverteilung das Messinstrument für die Intelligenz ist. Auch bei diesen Kindern gibt es Intelligenzunterschiede, obwohl sie alle mehr oder weniger, so heißt es, geistig behindert sind. Die Frage, die uns peinigen müsste, ist, was an der Normalverteilung normal ist. *Der einzige sinnvolle Test, der etwas über die Lernfähigkeit der Kinder aussagen würde, wäre adäquater Unterricht. Doch den gibt es zurzeit nicht.*
Nach Popper ist der Satz: „Alle Schwäne sind weiß“ falsifiziert, wenn ein schwarzer Schwan auftaucht. Das ist logisch. Der Satz: „Alle Kinder mit Down-Syndrom sind geistig behindert“ ist falsifiziert, wenn ein Kind mit Down-Syndrom geistig nicht behindert ist.

Als ich eine Studentin nach ihrem Referat fragte: „Teilst du die Überzeugung des Autors?“, antwortete sie: „Wieso ist das wichtig?“ Ich fragte: „Worin unterscheiden sich deine Erfahrungen von den Thesen, die du hier vertreten hast?“ Sie antwortete: „Mich persönlich interessiert der Autor nicht. Ich wollte bei Ihnen den Schein machen. Ich habe für den ‚Schein‘ mehr gemacht als üblich.“ Ich fuhr fort: „Du hältst ein Referat über Paolo Freire und du interessierst dich nicht für sein Anliegen.“ „Nein nicht wirklich. Ich fand sein Alphabetisierungskonzept nicht uninteressant, aber es hat mit meinem Leben nichts zu tun. Ich trenne Beruf und privates Leben. Meine Interessen sind privat. Ich möchte eine Familie, genügend Geld für ein sorgenfreies Leben und dass ich mir auch mal etwas leisten kann wie Urlaub und mal gut essen gehen. Ich finde es interessant hier bei Ihnen. Ich weiß nicht, worauf Sie hinauswollen?“
„Welche Gefühle, Empfindungen hattest du beim Lesen der Lektüre, beim Schreiben des Referats, beim Vortragen?“
„Ehrlich gesagt, ich hoffe auf eine gute Note.“
„Du bekommst eine eins. War das alles, was du wolltest?“
Sie strahlte: „Fürs erste ja.“ „Und du hast weiter nichts gewonnen?“

Ich fragte danach jeden einzelnen Teilnehmer des Seminars. Die Antworten glichen sich. Sie drückten den Zeitgeist aus, der sich ganz und gar von dem Zeitgeist der Studentenbewegung unterschied. Wir wollten begreifen. Wir wollten Erklärungen, wir wollten Zusammenhänge erkennen. Wir wollten entdecken. Wir wollten selbst forschen. Wir wollten zu unseren Wurzeln Verbindung aufnehmen. Wir wollten niemandem und nichts glauben, niemand nachahmen, alles überprüfen.

Der Titel meiner Diplomarbeit war: „Interesse, Handeln, Erkennen in der Schule." Der handelnde Unterricht sollte eine Alternative zum herkömmlichen Unterricht sein. Ein Unterricht, in dem kein Kind scheitert. Ein Unterricht, der jedem Kind ermöglichte sich zu entwickeln, unabhängig von seiner sozialen Herkunft. Mein Traum war ein Unterricht, der von den Kindern ausging.

Der erste Prüfer wollte mir für meine Arbeit ein schwaches Ausreichend geben. Er gab mir die Arbeit zurück. Ich fand einen zweiten Prüfer, der mir eine eins gab. Prof. Schiefele bewertete sie zum Schluss mit gut. Ich habe sie veröffentlicht. Zu der Zeit war das Buch ein Bestseller.

Heute nach fast vierzig Jahren ist es zusammen mit einem weiteren Buch noch unter dem Titel „Schlechte Schüler gibt es nicht" zu haben. Dieses Buch war über dreißig Jahre auf dem Markt. Ich war mir damals meiner Sache sehr sicher. Der Erfolg in der Schule gab mir Recht.

Wer sich einmal den Schmerz des besten Arguments zugemutet hat, hat die Erfahrung gemacht, dass, je tiefer er gräbt, desto wertvoller die Schätze sind, die sich ihm aus dem Verborgenen offenbaren. Nicht das Finden, sondern die Suche selbst wird zum Lebenselixier, das so viele Ressourcen freisetzt. Die wissenschaftliche pädagogische Arbeit ist ein einziges Suchen nach der Entdeckung des Kindes. Jeder Forschende sollte sich auf die Suche nach dem verschütteten Kind in sich selbst begeben. Sie ist die einzig sinnvolle Richtschnur für eine sinnvolle pädagogische Arbeit.

Mit jedem Kind, das wir verletzen, verletzen wir auch das Kind in uns. Wenn das Kind in uns stirbt, dann bleibt ein programmierter Roboter zurück, dann sind wir wie der Volksmund so treffend sagt: „Außer uns."

Der Film „Michaelas letzte Chance"[34] ist ein trauriges pädagogisches Experiment.

34 Feuser, G. (2000). Michaelas letzte Chance. Reportage der ARD.

Obwohl meine Bücher in vielen Buchhandlungen auslagen, ich zu vielen Vorträgen eingeladen wurde, und die Studentinnen und Studenten meine Arbeit mit Anteilnahme honorierten, wurde meine Festanstellung als C3-Professorin hinausgezögert.
Von Henning Scherff, dem damaligen Senator für Jugend und Soziales in Bremen, hatte ich erfahren, dass ich für ein „U-Boot" gehalten würde und dass dies die inoffizielle Begründung dafür sein könnte, dass ich als Professorin nicht fest angestellt würde.
Ich muss alle, die mir dies unterstellt haben, enttäuschen. Ich war zu keiner Zeit politisch aktiv, weder im Untergrund noch im Vordergrund oder im Hintergrund. Ich wollte eine verantwortungsbewusste Pädagogin sein. Natürlich hatte ich erkannt, dass Pädagogik von den gesellschaftlichen Verhältnissen geprägt ist, und dass es immer eine Pädagogik der Unterdrückung und eine der Bewusstwerdung gab, gibt und immer geben wird. Ich war mir auch bewusst, dass pädagogische Forschung niemals neutral sein kann und dass ich, wenn ich einen Satz über ein Kind sage, damit nur meine Ansicht über das Kind aussage, und dass ich meine Ansicht je nach Erkenntnisstand immer wieder ändern werde. Mir selbst treu zu sein, bedeutet für mich daher, mich immer wieder zu verändern, Erkenntnisse von heute zu verwerfen, wenn mich das Leben eines Besseren gelehrt hat. Ich bin mir auch bewusst, dass wir alle in der Geschichte stehen. Selbst wenn wir eine neue Erkenntnis formulieren, wissen wir, dass es Vordenker gab. Niemand ist originell. Jeder hat seinen Lehrer.
Von Heiner habe ich viel gelernt. Er begann seine Einführung über einen Philosophen mit der Frage: „Was hat Kant, was hat Hegel, was hat Nietzsche gepeinigt?" Das war für mich spannend. Natürlich hatte ich im Hinterkopf, was mich an der Pädagogik peinigt. Prof. Wolfgang Jantzen bot mir an, mich für meine Veröffentlichungen kumulativ zu promovieren. Nach dem Kolloquium wurde ich darauf aufmerksam gemacht, dass bei magna das Verfahren abgeschlossen sei. Ich entschloss mich, mein magna getrost mit nach Hause zu tragen.
Obwohl ich nun promoviert hatte, hörte ich immer wieder, dass ich zwar eine herausragende Praktikerin, aber leider keine Wissenschaftlerin sei.
Nach dreißig Jahren hielt ich vor einigen Wochen eine Diplomarbeit der Studentin Sandra Schwarzmayr in der Hand. Sie war angerührt von meinen Büchern. Sie wollte mich endlich als Wissenschaftlerin rehabilitieren.

Ich verstand damals nicht, weswegen sich Kollegen, die keine Veröffentlichungen vorweisen konnten, zu denen die Studenten nicht gingen, die keine pädagogischen, praktischen Erfahrungen hatten, sich als Wissenschaftler fühlten. Als ich erfuhr, dass Prof. Z., der mich zu einem Vortrag eingeladen hatte, sich gegen meine Berufung entschieden hatte, fragte ich ihn nach dem Grund. Er war irritiert, als er von mir erfuhr, dass ich die Bewerberin war. Er hatte alle von mir eingereichten Unterlagen, u. a. die Liste meiner Veröffentlichungen, nicht erhalten. Seitdem habe ich keine Geburtsurkunde. Der Rektor und der Konrektor prozessierten gegen den Senator. Das war selbst an der Universität Bremen außergewöhnlich. Die Verfahrensfehler zu meiner Berufung müssen gravierend gewesen sein. Die Universität verlor den Prozess, weil der Senator ein Schreiben meiner Kollegen vorlegen konnte, dass sie einen anderen Kollegen meiner Berufung vorziehen würden.

Das war peinlich, weil sich die Kollegen den Studenten gegenüber, die für meine Berufung demonstrierten, für meine Berufung stark gemacht hatten.

Ich bat den verantwortlichen Staatsekretär um ein Gespräch. Zu gegebener Zeit öffnete er die Tür, um zu sehen, ob Frau Manske vor der Tür warten würde. Ich begrüßte ihn. Er teilte mir mit, dass er keine Zeit habe, da er bereits ein Gespräch vereinbart hätte. „Mit Frau Manske?" „Ja", sagte er genervt und wollte die Tür schließen. „Ich bin Christel Manske." Er bat mich herein. Ich trug einen eleganten blauen Blazer, eine blaue Hose und eine weiße Bluse. Ich lachte ihn an: „Sie haben ja ein Bild von Rosa Luxemburg in Ihrem Arbeitszimmer. Das hätte ich nicht erwartet." „Ja", sagte er. Er schwieg eine ganze Weile. Er sah mich immer wieder an. „Ich hatte ein ganz anderes Bild von Ihnen. Ihre Kollegen waren immer wieder bei mir. Für den Fall, dass Sie fest angestellt würden, drohten sie mit der Kündigung."

Zum Semesterbeginn hatte ich meinen siebenjährigen Neffen bei mir zu Besuch. Ich nahm ihn mit in die Vorlesung. Wir gingen einen Flur entlang. In jedem Zimmer wartete ein Kollege auf Studenten. Die Räume waren fast leer. Am Ende des Gangs standen Studenten. Der Junge sagte: „Didi, könnte es sein, dass dahinten dein Raum ist." Mein Raum war überfüllt. Wir wechselten in die Aula. Daran dachte ich, als ich mich auf den Heimweg machte. Von einem Kollegen erfuhr ich, dass der Verehrer von Rosa Luxemburg nach dem Gespräch mit mir in meinem Fachbereich nachgefragt hatte, ob noch

irgendeine Stelle mit Frau Manske besetzt werden könnte. Ich glaube, er hatte schlaflose Nächte. Er hatte vielmehr sich als mich verraten.
Ein Kollege, der auch als Krankenhauspastor arbeitete, bot mir öfter an, mit ihm einen Kaffee zu trinken. Er interessierte sich sehr für meinen Fall. Einmal erklärte er mir, dass seine Frau kein Problem damit hätte, wenn er drei Nächte bei mir schlafen würde. Der Mann wurde mir in diesem Augenblick unheimlich. Ich ging ihm aus dem Weg.
Von dem Konrektor erfuhr ich, dass er ein Spitzel sein könnte. Als ich den Psychologie lehrenden Krankenhauspastor damit konfrontierte, drehte er sich auf dem Absatz um. Hätte ich das alles nicht selbst erlebt, würde ich es nicht glauben.
Aufgrund der Kettenvertragsregelung hätte ich ohnehin auf eine C3-Stelle fest angestellt werden müssen.
Ich bin heute meinen Kollegen von damals mehr als dankbar, dass sie es mir so leicht gemacht haben, mit lachendem Herzen die Universitätskarriere erst einmal hinter mir zu lassen.
Ich wäre niemals mit Sintis unterwegs gewesen, hätte niemals in Nicaragua gelehrt, bei Indianern gelebt, an einer Krebsklinik gearbeitet, an einer Werkstatt für Menschen mit geistiger Behinderung Erfahrungen gesammelt und eine eigene Praxis, mein eigenes Institut aufgebaut. Diese Erfahrungen waren notwendig, um die Ursachen für die geistige Behinderung aus verschiedenen Blickwinkeln zu sehen und zu begreifen.
So hörte ich z. B. bei den Indianern einen Vortrag von dem Schamanen Rolling Thunder. Er sagte: „Wenn wir die Welt in ihrer Tiefe nur in einem Punkt verstehen, dann ist sie uns vertraut. Hingegen bleibt sie uns selbst dann, wenn wir ihre gesamte Oberfläche eingenommen haben, fremd. Das horizontale Bewusstsein ist das Ergebnis von Programmierungen, das vertikale Bewusstsein ist jenseits von Zeit und Raum."
Die herkömmliche pädagogische Wissenschaft arbeitet in der Regel „horizontal" – auf der Oberfläche. Es gibt Wissenschaftler, die das „Down-Syndrom" erforschen wollen. Damit ihre Aussagen valide, das heißt so wahr wie möglich sind, wählen sie eine möglichst große Stichprobe an Probanden. Doch ich meine, dass, je größer die Stichprobe der Kinder ist, umso oberflächlicher wird das Forschungsergebnis sein.
Wenn es uns aber gelingt einem dieser Kinder in seinem tiefsten inneren Wesen auf Augenhöhe zu begegnen, werden sich unsere Ängste und un-

sere Vorurteile auflösen. Unsere Empfindungen, unsere Wahrnehmungen, unsere inneren Bilder und unsere Gedanken spiegeln unser neues Bewusstsein wider. Doch für die herkömmliche pädagogische Forschung bedeutet: „Quantität ist gleich Qualität".

Ein Schein-Wissenschaftler hat tausend Kinder durchgecheckt. Er hat kein einziges Kind erreicht. Er konnte kein Kind von seinen Einschränkungen befreien. Alle Kinder, die er unter die Lupe genommen hat, haben versagt. Er deutet das für ihn eindeutige Ergebnis gemäß seiner Programmierung. Er sieht die Kinder als Forschungsobjekte, er erkennt sie nicht als Subjekte an, die sich seinem Forschungsansatz verweigern. *Er sieht jedes Kind mit seinen Augen wie ein Farbenblinder, der tausend rote Geranien anschaut und sagt: „Eine ist so grau wie die andere." Er kann die rote Farbe nicht sehen. Er macht, ohne sich dessen bewusst zu sein, nur eine Aussage über seine Blindheit; denn über tausend Kinder kann er nichts in Erfahrung bringen.*

Wenn die Hasenmutter dem Häschen in die Augen schaut, verhält das Häschen sich anders, als wenn ihm die Schlange mit ihrem giftigen Zahn gegenübersitzt. Es gibt kein unabhängiges Verhalten. Jeder hat mit jedem und allem zu tun.

Auf einem Kongress trug eine Professorin Untersuchungen zum Sprachverhalten der Kinder mit Trisomie 21 im Vergleich zu Regelkindern vor. Es wurde der passive und der aktive Wortschatz ausgezählt. Die Kinder mit Trisomie 21 haben demnach einen geringeren Wortschatz als die Regelkinder. Diese Kinder entwickeln m. E. ihre Sprachlosigkeit wie der Indianer in dem Film: „Einer flog über das Kuckucksnest."

Flora wird vor ihrer Einschulung von einem Psychologen getestet. Er staunt: „Du kannst ja alle Buchstaben. Du kannst diese Wörter lesen. Du kannst bis zwanzig zählen. Nun wollen wir mal sehen, ob du diese Aufgaben lösen kannst. Sprich mir einfach nach." Der Psychologe sagt: „Pferd." Er wartet. Flora antwortet: „Frisst Heu." Der Psychologe gibt nicht auf: „Pfeeerrrd-dd." Flora sagt: „Papa, ich möchte, dass wir nach Hause gehen." Der Vater versucht dem Psychologen zu erklären, dass Flora natürlich weiß, was ein Pferd ist und dass sie doch sonst nicht „frisst Heu" gesagt hätte. Doch der Psychologe erklärt dem Vater, dass er für „frisst Heu" keinen Punkt geben darf, da sie doch „Pfeerrdd" nachsprechen sollte. Der Vater nimmt Flora an die Hand: „Ein Pferd frisst Heu." Sie verlassen den Tempel der wissenschaftlich orientierten Diagnose.

Lernen und Entwicklung haben mit wechselseitiger Zuneigung zu tun, und die ist immer einzigartig, einmalig und jenseits von einer großen Stichprobe. Wenn es einem Forscher gelingt, einem einzigen Kind zu ermöglichen, die geistige Befreiung durchzusetzen, hat er mit dieser Hingabe an dieses eine Kind Berge verschoben und eine ungeahnte Aussicht geschaffen.

Kindern und Lehrern, denen bereits die Befreiung ihrer Schüler vom Vorurteil der geistigen Behinderung gelungen ist, haben in ihrem gemeinsam geteilten Lernen eine Entdeckung gemacht, die den gesamten Schein-Wissenschaftsbetrieb aus den Angeln hebt.

Für diese Kinder gibt es leuchtende Vorbilder: Pablo Pineda, der als Lehrer arbeitet, Aya Iwamoto, die Kinderbücher übersetzt und Francesco Aglio, der als Wirtschaftsberater arbeitet. Sie haben trotz Trisomie das Abitur bestanden und einen Hochschulabschluss erworben.

Alle Kinder sollten das Recht bekommen sich zu verwirklichen, um zu werden, wer sie sind. In Anlehnung an Spinoza: „Was ein Kind mit Trisomie 21 vermag, das hat noch niemand festgestellt."

Dennoch gelten diese Kinder allen Erfahrungen zum Trotz immer noch als geistig krank. Vor vierzig Jahren galt Homosexualität in Deutschland noch als Krankheit. Während meines Psychologiestudiums wurden Homosexuelle an der Universität München mit Elektroschocks „therapiert". Meine Abschlussklausur bestand darin, einen Therapieplan für einen Fetischisten zu erstellen, der seine Frau nur lieben konnte, wenn er vorher heimlich Schuhe berührt hatte.

Gemäß unserer Ausbildung hatten sich fast alle Studenten für die Elektroschocktherapie entschieden.

Ich muss bei dieser Vorlesung gefehlt haben. Mein Therapieplan sah vor, dass er sein Liebesspiel damit beginnen könnte, sich ihren Beinen zu widmen, die Waden zu liebkosen, dann die Schuhe zu berühren usw.

Als wir den Therapieplan abgegeben hatten, erhielten wir die Information, dass in seinem Fall Elektroschocktherapie angewendet wurde. Demnach war ich durchgefallen.

Ich entschied mich dennoch nicht aufzugeben. Ich begründete meinen Therapieplan und erklärte mein völliges Unverständnis für die Elektroschocktherapie.

Als letzte Information erfuhren wir, dass der Proband auf Grund der Therapie impotent geworden war. Ich wusste, dass ich bestanden hatte.

Zwei Studenten hatten außer mir eine gute Note. Der Rest bekam die Erlaubnis, einen zweiten Versuch zu starten, da die Abschlussklausur als ungültig erklärt wurde.

In der Zeit ließen es sich die Reingefallenen einfach nicht gefallen, schuldlos durchzufallen. Das war ein Ergebnis der Studentenbewegung, die von dem Zeitgeist getragen war: „Unter den Talaren ist Muff von hundert Jahren." Die Zeit war reif für Veränderungen.

Was heute undenkbar zu sein scheint, kann morgen Gesetz sein. Gesellschaftliche Glaubenssätze sind zäh wie Pech und lösen sich doch manchmal über Nacht auf.

Dr. Li, ein Meister der chinesischen Medizin, sagte zu uns während einer Fortbildung: „Die Wissenschaft hat das ‚wang' zerstört." Das ‚wang' bezeichnet die tiefe ursprüngliche Verbindung des Menschen mit Himmel und Erde. Dass es Wissenschaftler gibt, die auf der Suche nach Erkenntnis zu ihren Wurzeln zurückgefunden haben, davon berichten große Geister vor allen Dingen in den naturwissenschaftlichen Fächern.

Die Analyse der biologischen, psychischen und soziokulturellen Entwicklung führt nicht zu einem Urteil über die Kinder. Wir sind zu keinem abschließenden Urteil fähig, heute nicht und auch morgen nicht. Jedes Kind bleibt immer ein Geheimnis der wunderbaren Schöpfung. Wir wollen versuchen, der Unwissenheit mit wissenschaftlicher Forschung zu begegnen und der Gleichgültigkeit mit Mitgefühl. Bei der analytischen Arbeit sollten wir nicht die Defizite der Kinder anstarren wie der Hase die Schlange, sondern wir sollten uns auf das Erkennen des Sinns des bio-psycho-soziokulturellen Geschehens einlassen in dem Bewusstsein, dass jedes Minus auch ein Superplus hervorbringt, um ein lebendiges System im Gleichgewicht halten.

Wir konnten in unserer Praxis lernen, die Kinder mit anderen Augen zu sehen. Wir haben viele Fotos von ihnen gemacht. Auf keinem einzigen sieht ein Kind geistig behindert aus, weil wir es im Unterricht fotografiert haben.

Schluss

Lene unterbricht ihr Spiel. Sie schaut mir in die Augen: „Mama ist tot. Papa ist tot. Jette ist tot." Ich sage schnell: „Frau Manske ist tot. Und nun sind wir alle wieder lebendig." „Doktor Manske, du bist nicht tot." Sie schaut mich an. Schweigen, Stille, Warten, Sprachlosigkeit.
Das ist kein Spiel. Wie klug ist dieses siebenjährige Mädchen, das in der Lage ist, für ihren unaussprechlichen Schmerz Worte zu finden. Sie sagt, was andere Kinder in meiner Praxis auch schon zum Ausdruck gebracht haben. „Wir sind einsam. Wir haben keine Familie. Wir gehören nirgendwo dazu – in der Familie nicht, im Kindergarten nicht, in der Schule nicht. Unser Lebenswille ist eine gesellschaftliche Tragödie. Wir tragen die gesellschaftliche Herztodspritze in unserem Herzen. Wir haben kein Recht auf Normalität." In der nächsten Woche setzt Lene den Dialog fort. Sie holt ein Holzpuzzle, das verschiedene Leute abbildet. Einen Astronaut, eine Indianerin, einen Cowboy, ein Mädchen mit geblümtem Kleid, eine Fee, einen Fußballjungen, eine Japanerin und einen Pirat. Sie legt es auf den Fußboden: „Doktor Manske, guck mal. Wie heißt das Mädchen im geblümten Kleid?" „Es heißt Lene." „Genau. Und wer ist die Fee?" „Lilofee." „Die Fee ist Doktor Manske." „Wir beide?" „Genau." Wir spielen Fußball. Nach vier Minuten unterbricht sie das Spiel: „Doktor Manske, wer sind die beiden?" „Wir."
Sie setzt das Fußballspiel fort. Sie unterbricht es immer wieder und immer wieder holt sie sich die Gewissheit, dass ich weiß, dass die Fee und das Mädchen im Puzzle unsere Namen tragen.
Der Papa hat Lenes Botschaft verstanden. Jeden Tag, wenn er von der Arbeit kommt, spielt er zuerst eine Stunde mit Lene. Er ist die gute Fee.

In Dänemark ist man stolz darauf, dass es der ärztlichen Vorsorge fast gelungen ist, dass diese wunderbaren Kinder nicht mehr zur Welt gebracht werden. Eine Welt auf der „bedrohte Pflanzen" und „bedrohte Tiere" ein Recht auf Artenschutz haben.
Der Schöpfer aller Dinge wollte diese Kinder zu unserem Besten.

Das Goldkind

Christel Manske

Das Goldkind

Wir kennen das Märchen vom hässlichen Entlein, das sich nach einem Leidensweg als schöner Schwan entpuppt.

Doch es gibt auch eine andere Geschichte, die Geschichte von Goldkind, das von Schwaneneltern aufgezogen wurde.

Die Schwanenmama hatte das Ei ausgebrütet. Als ein kleines, goldgelbes Küken schlüpfte, sahen sich die Eltern eine Weile an.

„Das ist unser Goldkind", sagte die Schwanenmama und der Schwanenpapa sagte: „So ist es."

Goldkind war über seine Geburt so glücklich, dass es, kaum dass es auf seinen Füßchen stehen konnte, zum Wasser watschelte und kopfüber hinein plumpste.

Auf dem Schwanensee schwammen nun Mama Schwan vorne und Papa Schwan hinterher und in der Mitte schwamm ihr Goldkind. „Mama, Mama", quakte Goldkind und Schwanenmama antwortete: „Ja mein Schatz, ja mein Schatz."

Ein alter Schwan schwamm vorüber: „Wie sieht der aus? Wie sieht der aus?" zischte er.

„Wir nennen ihn Goldi, weil er, anders als wir, goldgelbe Federn hat", sagte Mama Schwan.

Anmutig streckte sie ihren Schwanenhals.

„Was soll aus ihm nur werden?", fragte eine Schwanennachbarin.

Papa Schwan überlegte nicht: „Er wird erwachsen. Aber erst einmal ist er unser Goldi."

Die Schwaneneltern übten mit Goldi Schwimmen, Gründeln, Fischen, Tauchen und Zischeln.

Die anderen Schwanenkinder vergnügten sich mit Goldi vom Sonnenaufgang bis zum Sonnenuntergang.

Plötzlich bekam Goldi braune Flügel und glänzendgrünes Kopfgefieder. Die Schwaneneltern dachten sich: „Unser Goldi ist so besonders, so einmalig, dass wir uns immer wieder auf ein neues Wunder einstellen müssen."

Wenn die Schwaneneltern mit Goldi über den Himmel kreisten, sagten die anderen Schwäne: „Was macht der Kleine denn hier oben?"
„Der Kleine ist nun groß", sagte Papa Schwan.
Auf seinen Rundflügen hatte Goldi einen kleinen Teich entdeckt.
Dort zog es ihn hin. Er landete auf einem Weg, der direkt zum Teich führte.
Auf dem Weg watschelte ihm eine süße, kleine Braune wie er entgegen.
„Quak, quak, wo kommst du her?" „Ich komme vom Schwanensee, meine Eltern sind Schwäne."
Sie schauten in den Ententeich." „Watt, watt, watt," schnatterte die kleine braune Süße.
Goldis Herz pochte und seine Federn bauschten sich auf.
„Du bist mein Schatz, du bist mein Schatz", schnatterte Goldi.
Sie flogen, sie watschelten, sie tauchten und sie schwammen über Wiesen und Flüsse bis zum Schwanensee.
„Mama, Papa", quakte Goldi: „Am Ententeich bin ich mir begegnet, als ich ihr begegnet bin." Mama Schwan hatte Schwanentränen in den Augen. Papa Schwan nahm seine kleine Ententochter unter sein Gefieder. „Nun sind wir eine Entenschwanenfamilie."

Nachwort (*Autor Georg Rückriem*)

John LANGDON-DOWN[35] (1828-1896) – englischer Apotheker und Arzt, seit 1858 medizinischer Leiter eines Heims für geistig Behinderte[36] – veröffentlichte 1866 einen Artikel[37], in dem er versuchte, die damals als „idiots" bezeichneten Behinderten unter Nutzung ethnischer Kriterien zu klassifizieren. Er unterschied dabei *die Kaukasische Familie, die Äthiopische Varietät, die Malaische Varietät, das Volk, das ... ursprünglich den Amerikanischen Kontinent bewohnte* und *die große Mongolische Familie*. Letzterer ordnete er aufgrund ihrer äußeren Erscheinungsformen vor allem diejenigen Menschen zu, von denen wir seit der Entdeckung des französischen Genetikers Jérôme Lejeune aus dem Jahr 1959 wissen, dass sie eine Chromosomen-Abweichung – eine Dreifachbesetzung des Chromosoms 21, genannt Trisomie 21 – aufweisen.

Ist LANGDON-DOWN also verantwortlich für den Rassismus des Fachbegriffs „Mongolismus" und für die Praxis, die in der Regel damit verbunden war? Offensichtlich bezog er sich mit den ethnischen Kriterien seiner Klassifikation auf die explizite Rassenlehre des Göttinger Anatomen Johann Friedrich BLUMENBACH (1752-1840), der die Aufteilung in fünf verschiedene menschliche Rassen bereits 1775 in seiner Dissertation entwickelt hatte, die 1865 – also ein Jahr vor LANGDON-DOWN's Artikel – in englischer Sprache erschienen war. In Anlehnung an BLUMENBACH schrieb LANGDON-DOWN:

35 Er änderte 1868 seinen Namen in John Langdon Haydon Langdon-Down. Vgl. O Conor Ward, John Langdon Down: The Man and the Message. www.down-syndrome.org/perspectieves/94/

36 Zur Biographie siehe Norbert J. Pies, John Langdon Haydon Langdon-Down. Ein Pionier der Sozialpädiatrie. Karlsruhe: G. Braun Verlag, 1996; ders., John H. Langdon-Down (1828-1896). Namensgeber des Down-Syndroms. In: Bohnenstengel, A., H. Holthaus, A. Pollmächer: Ich bin anders als du denkst. Menschen mit Down-Syndrom begegnen. edition bentheim. Würzburg 2003, S. 193f; Dan Agin, John Langdon Down: A Man, a Time, and a Syndrome, www.huffington-post.com/dan-agin/j-langdon-down-a-man-a-tib-320633.html; O. C. Ward, www.langdondowncentre.org.uk/history.php; sowie: www.whonamedit.com/doctor.cfm/335.html

37 J.L.H. Langdon-Down, Observations on an ethic classification of idiots. In: London Hospital Reports. Bd. 3, 1866, 259-262.

„A very large number of congenital idiots are typical Mongols. So marked is this, that when placed side by side, it is difficult to believe that the specimens compared are not children of the same parents. The number of idiots who arrange themselves around the Mongolian type is so great, and they present such a close resemblance to one another in mental power, that I shall describe an idiot member of this racial division, selected from the large number that have fallen under my observation."

Ausdrücklich vermerkt er, dass er eine Klassifikation der „feeble-minded by arranging them around various ethnic standards – in other words, framing a natural system" beabsichtige. Zusammen mit Termini wie „racial division", „retrogression" und „degeneracy" legen solche Äußerungen einen rassistischen Hintergrund zumindest nahe. Demgegenüber verweist sein deutscher Biograph Norbert PIES außer auf die „große Sympathie" und „Zuneigung", die LANGDON-DOWN für seine Patienten äußerte, vor allem auf sein explizit optimistisches Therapie-Engagement, wie es nach ihm Jahrhunderte lang nicht mehr anzutreffen war:

„Wir müssen die höchstmögliche Kultur, die beste physische, sittliche und intellektuelle Ausbildung anbieten, um jenen, die den größten Anspruch auf unsere Sympathie haben, neue Bereiche des Glücks zu eröffnen."[38]

PIES hebt hervor, dass LANGDON-DOWN den Terminus „Mongolismus" nie benutzt habe und plädiert daher dafür, seine Äußerungen als „zeitbedingte Sprache" zu relativieren. Als Beleg zitiert PIES die abschließende Zusammenfassung LANGDON-DOWN's:

„Ich kann nicht anders, als zu denken, dass die Beobachtungen, die ich aufgezeichnet habe, Hinweise dafür sind, dass die Unterschiede zwischen den Rassen nicht spezifisch, sondern variabel sind. Diese Beispiele der Resultate von Degeneration unter der Menschheit, schei-

38 Vgl. Norbert J. Pies, Ethnische Klassifizierung Langdon-Downs unethisch? [Übersetzung von Pies.] www.down.syndrom.org/allg/klassifi.shtml

nen mir einige Argumente zugunsten der Einheit der menschlichen Spezies zu liefern."[39]

Tatsächlich wurde die Bezeichnung „Mongolismus" bzw. „Mongoloide" für die Menschen, bei denen eine Trisomie des Chromosoms 21 festgestellt wurde, erst später geläufig – unter missbräuchlicher Berufung auf LANGDON-DOWN, wie PIES betont[40]. Aber erst F. D. CROOKSHANK (1924) sprach von „Mongoloiden" als einem „Rückfall" auf einen noch vor-mongolischen Vorfahr und von der Rasse der Mongolen als der am wenigsten entwickelten Rasse der Menschheit. Und erst die Nationalsozialisten behandelten die Trisomie 21 als Erbkrankheit und ermordeten die Betroffenen in der berüchtigten „Aktion T4".

Selbst nach 1945 blieb der Sprachgebrauch zunächst unverändert. 1961 protestierte eine Gruppe von Genetikexperten (der auch ein Nachfahre von LANGDON-DOWN angehörte) gegen den Rassismus der bis dahin üblichen Bezeichnung „Mongolismus". Aus ihrem Vorschlag von vier verschiedenen Alternativen wählte der Herausgeber des British Medical Journal *The Lancet* die neue Bezeichnung „Downs Syndrome". Wirksam unterstützt wurde diese Entscheidung, als die mongolische Delegation 1965 auf der 18. Generalversammlung der WHO, deren Präsident den Terminus „Mongolismus" immer noch verwendete, beantragte, das Krankheitsbild nicht mehr mit dem Namen ihrer Nation zu belegen. Obwohl seither der Terminus selbst vermieden wurde, blieben jedoch die Bezeichnung und vor allem das damit verbundene Vorurteil in der Gesellschaft noch lange lebendig.[41]

LANGDON-DOWN war mit seiner Klassifizierung der Kinder mit einer Trisomie im Chromosom 21 sicherlich nicht gerade glücklich. Dass sie an einer Chromosomen-Abweichung leiden, ist, wie wir heute wissen, tatsächlich eine biologische Tatsache. Wie LANGDON-DOWN über seine Patienten gedacht hat, können wir seiner Schrift selbst entnehmen: Mit großer Sympathie und Wertschätzung. Was allerdings ihre Entwicklung betrifft, so hielt er sie tatsächlich für von Geburt an geistig behindert. Ein historisch bedingter, aber verhängnisvoller Irrtum, wie wir heute ebenfalls wissen. Alle höhe-

39 Pies, a.a.O. Übersetzung von Pies.
40 So z. B. von Bertram (1908) und Weygandt (1911)
41 Vgl. Johannes Schädler, „Mongolismus/mongoloide Idiotie" – Beharrlicher Rassismus. In: Selbsthilfe. Zeitschrift der Bundesarbeitsgemeinschaft ‚Hilfe für Behinderte'. 2, 1995

ren psychischen Systeme des Menschen sind, wie schon gesagt, nicht angeboren, sondern entwickeln sich im sozialen Umgang. Jedem menschlichen Gehirn ist es möglich, neue funktionale Systeme zu bilden. Auch das ist eine biologische Tatsache, längst bewiesen und bekannt. Kinder unterscheiden sich zwar in Bezug auf das Chromosom 21, nicht aber in Bezug auf die Fähigkeit ihres Gehirns, in Abhängigkeit ihres kulturellen und sozialen Umfelds stabile funktionelle Hirnsysteme zu bilden. Was sie sprachlos macht, ist unsere Kultur. Das aber ist eine kulturelle Tatsache. Und diese kann man ändern. Wie das vorliegende Buch äußerst eindrucksvoll demonstriert!

Literaturverzeichnis

Basaglia, F., Foucault, M., Castel, R. (1991). Befriedungsverbrechen. Über die Dienstbarkeit der Intellektuellen. Frankfurt a.M.: Europäische Verlagsanstalt

Bauer, J. (2010). Das Gedächtnis des Körpers. Wie Beziehungen und Lebensstile unsere Gene steuern. Frankfurt am Main: Eichborn AG

Chilton Pearce, J. (1985). From Magical Child to Magical Teen. Rochester: Park Street Press

Dummer-Smoch, L., Hackethal, R. (2007). Kieler Leseaufbau. Kiel: Veris Verlag

Feuser, G. (2000). Michaelas letzte Chance. Reportage der ARD

Fingerhut, R., Manske, C. (1984). Ich war behindert an der Hand der Lehrer und Ärzte. Protokoll einer Heilung. Reinbek: Rowohlt Verlag

Galperin, P. J. (1969). Die Entwicklung der Untersuchungen über die Bildung geistiger Operationen. Artikel in: Hiebsch, H. (Hrsg.) Ergebnisse der sowjetischen Psychologie. Stuttgart: Ernst Klett Verlag

Harper, C. (Hrsg.) (1999). The history of counting. New York: Morrow Junior Books

Kandel, E. (2009). Auf der Suche nach dem Gedächtnis: Die Entstehung einer neuen Wissenschaft des Geistes. München: Goldman Verlag

Kutzer, R. (2001) Mathematik entdecken und verstehen. Frankfurt am Main: Diesterweg Verlag

Langdon-Down, J. H. (1828-1896). Namensgeber des Down-Syndroms. In: Bohnenstengel, A., H. Holthaus, A. Pollmächer: Ich bin anders als du denkst. Menschen mit Down-Syndrom begegnen. edition bentheim. Würzburg 2003

Langdon-Down, J.L.H. (1866). Observations on an ethic classification of idiots. In: London Hospital Reports. Bd. 3

Leboyer, F. (2007). Sanfte Hände. Die traditionelle Kunst der indischen Baby-Massage (10 Aufl.) München: Kösel Verlag

Leont´ev, A. N. (1973). Probleme der Entwicklung des Psychischen. Frankfurt am Main: Athenäum-Fischer-Taschenbuch Verlag

Leont´ev, A. N. (1971). Funktionelle Systeme. In: Kussmann, T. (Hrsg.). Bewusstsein und Handlung. Probleme und Ergebnisse der sowjetischen Psychologie. Bern: Hans Huber Verlag

Lionni, L. (2005). Der Buchstabenbaum. Weinheim und Basel: Beltz & Gelberg

Mann, I. (1990). Lernen können ja alle Leute. Weinheim Basel: Beltz Verlag

Manske, C. (2008). Jenseits von Pisa. Lernen als Entdeckungsreise. Greifswald: Druckhaus Panzig

Manske, C. (2004). Entwicklungsorientierter Lese- und Schreibunterricht für alle Kinder. Die nichtlineare Didaktik nach Vygotskij. Weinheim und Basel: Beltz Verlag

Manske, C., Rosentreter, K. „Unsere Fibel" Erscheinungsdatum 2012

Morales, F. (2008). Vortrag über „die Sinnestätigkeit der Kinder mit Down Syndrom" auf dem Down Syndrom Kongress Hamburg (nicht publiziert).

Pies, N. J. (1996) John Langdon Haydon Langdon-Down. Ein Pionier der Sozialpädiatrie. Karlsruhe: G. Braun Verlag.

Schädler, J. (1995) „Mongolismus/mongoloide Idiotie" – Beharrlicher Rassismus. In: Selbsthilfe. Zeitschrift der Bundesarbeitsgemeinschaft ‚Hilfe für Behinderte'. 2,

Spitz, R. A. (1992). Die Entstehung der ersten Objektbeziehungen (5 Aufl.). Stuttgart: Klett-Cotta Verlag

Willken, E. Abitur und Studium wie Pablo Pineda?. In: Leben mit Down-Syndrom Nr. 61/2009. S. 6. Deutsche Down-Syndrom-Info-Center

Wygotski, L. S. (1975). Zur Psychologie und Pädagogik der kindlichen Defektivität. In: Die Sonderschule. Jg. XX (1975). H. 2. Berlin (DDR)

Wygotski, L.S. (1960). Die Entwicklung der höheren psychischen Funktionen. Moskau (russ.)

Zimpel, A. F. (2010). Zur Neuropsychologie des abstrakten Denkens unter den Bedingungen einer Trisomie 21. In: Leben mit Down Syndrom Nr. 63/ Januar

Empfohlene Literatur

Morales, R. C. (1998) Die Orofaziale Regulationstherapie (2 Aufl.). München, Bad Kissingen, Berlin, Heidelberg, Düsseldorf: Richard Pflaum Verlag GmbH & Co.

Vygotski, L. S. (1985) Ausgewählte Schriften Band 1. Berlin: Volk und Wissen

Vygotski, L. S. (1987). Ausgewählte Schriften Band 2. Köln: Pahl-Rugenstein Verlag

Materialempfehlung

Nikitin Material. „Musterwürfel". Logo Lern Spiel Verlag

Nikitin Material. „Logische Reihe". Logo Lern Spiel Verlag

„Rush Hour". (1997). Thinkfun Inc.